实现中国梦必须弘扬中国精神。这就是以爱国主义为核心的民族精神，以改革创新为核心的时代精神。这种精神是凝心聚力的兴国之魂、强国之魂。

——习近平

为英雄们立碑　　为民族魂歌唱

从群众中走来的英雄

——礼赞中国精神

刘文超　沈红宇◇著

HEUP 哈尔滨工程大学出版社

图书在版编目（CIP）数据

从群众中走来的英雄：礼赞中国精神 / 刘文超，沈红宇著. -- 哈尔滨：哈尔滨工程大学出版社, 2015.7
ISBN 978-7-5661-1086-2

Ⅰ. ①从… Ⅱ. ①刘… ②沈… Ⅲ. ①人物—先进事迹—中国—现代 Ⅳ. ①K820.7

中国版本图书馆 CIP 数据核字(2015)第 152381 号

出版发行　哈尔滨工程大学出版社
地　　址　哈尔滨市南岗区东大直街 124 号
邮政编码　150001
发行电话　0451-82519328
传　　真　0451-82519699
经　　销　新华书店
印　　刷　哈尔滨市石桥印务有限公司
开　　本　787 mm × 1 092 mm　1/16
印　　张　13.5
字　　数　287 千字
版　　次　2015 年 7 月第 1 版
印　　次　2015 年 7 月第 1 次印刷
定　　价　38.00 元
http://press.hrbeu.edu.cn
E-mail: heupress@hrbeu.edu.cn

序

中华人民共和国的成立开创了中华民族历史的新纪元。在近70年的发展建设过程中，在党的领导下，各族人民团结一心，努力奋斗，取得了举世瞩目的伟大成就，近代以来中华民族苦苦求索的民族复兴正在亿万人民的殷殷期盼和伟大实践中逐步变为现实。

伟大的时代造就伟大的人物，伟大的事业孕育伟大的精神。空谈误国，实干兴邦。在各条战线，千行百业，在社会主义祖国建设发展的各个时期，不断涌现出一批批平凡而又伟大的英雄模范人物，他们虽然身处不同年代、不同环境、不同岗位，但他们身上所体现出来的崇高精神，在本质上却是一致的，那就是：忠于祖国，热爱人民，追求真理，坚持理想，艰苦奋斗，敢于胜利，锐意进取，开拓创新，淡泊名利，无私奉献。他们像闪亮的群星，灿然照亮华夏大地，像一座座丰碑，永远耸立人民心头。他们的名字，凝聚着至善的大爱情怀，凝聚着自强不息的伟大力量，凝聚着中华民族的理想追求，凝聚着历久弥新的民族魂。这，就是中国精神！

这样一个感动中国的群体，他们用鲜血和生命，用智慧和汗水，为国家富强和人民幸福谱写了永垂青史、彪炳千秋的壮丽篇章。在他们身上，我们看到了临危不惧、奋不顾身的英雄气概，看到了忠贞不渝、回肠荡气的爱国情怀，看到了大公无私、舍己为人的高贵品质，看到了顽强拼搏、勇于奉献的时代风貌。他们是社会主义核心价值观的集中体现者，是民族的楷模，是时代的先锋，是祖国的骄傲。他们从平凡的岗位上走来，从人民群众中走来，是从群众中走来的英雄。人民将永远铭记他们，共和国将永远铭记他们，历史将永远铭记他们。

弘扬民族传统，高扬民族精神，凝聚民族伟力，建设富强、民主、文明、和谐的社会主义现代化国家，已成为我们民族的共同梦想。在实现中国梦的伟大实践中，各行各业的劳动者，男女老幼，无论何人，都应以他们为标尺、为典范，发奋学习，勤勉工作，万众一心，艰苦奋斗，大力践行社会主义核心价

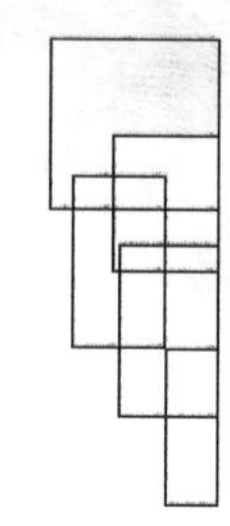

值观，通过不懈努力，共同创造民族的灿烂，中国的辉煌。

该书的诗作者刘文超是我多年的好友，是资深出版人和选题策划者，也是一位性情中人和古典诗人中的大家，多年来，笔耕不辍，屡有佳作问世。小传作者沈红宇现在任职哈尔滨工程大学出版社社长，是一位文思敏锐、豪气冲天的女杰，也是近年来活跃在出版业中的翘楚。这次两位出版人联袂创作出反映时代精神、传承优秀文化的作品，让人耳目一新，拍手称快。该书的作者立意高远，推陈出新，在创造性地塑造一组反映时代、生动感人的模范人物群像的同时，更拓宽了古典诗歌的创作内容，使中国诗歌的传统得到进一步发扬。全书内容丰富、形式新颖、文字简洁、格调高雅，诗、文、图并茂，感染力强，着力通过人物精神世界的精彩摹写表达和传递中国发展进步的正能量，为英雄人物立碑，为民族魂歌唱，是集政治思想性与文学艺术性于一体的堪称经典的作品，是近年来图书界鲜有的佳作。同时我强烈感觉到作者所具有的时代责任感和可贵的创新精神以及对选题的敏锐判断和驾驭能力。因此这样一部作品是我们所处的时代和社会所必需的，无论是工人、农民、学生、军人、百姓还是干部，都会从中受到鼓舞，得到启发，受到教育。总之，作者通过自己的勤奋努力能为我们奉献这样一部优秀的作品，在惊喜之余，更应为他们祝贺、点赞！

李已华

2015 年 5 月

目录 CONTENTS

1 独臂英雄忠诚卫士——丁晓兵 …… 1
2 忠心报国的劳动模范——马万水 …… 3
3 林业战线的一面旗帜——马永顺 …… 5
4 英雄集体的带头人——马恒昌 …… 7
5 国际主义战士，新中国卫生事业的先驱——马海德 …… 9
6 追求卓越为国争光的英雄团队——中国女排五连冠群体 …… 11
7 独领风骚的“蓝领专家”——孔祥瑞 …… 13
8 领导干部的楷模——孔繁森 …… 15
9 高扬职业操守的道德模范——文花枝 …… 17
10 追求真理、传播先进理论的模范教员——方永刚 …… 19
11 人民的忠诚卫士——方红霄 …… 21
12 国家的光荣，人民的骄傲——毛岸英 …… 23
13 “一不怕苦，二不怕死”的人民战士——王　杰 …… 25
14 “当代毕昇”——王　选 …… 27
15 纪检工作战线上的优秀标兵——王　瑛 …… 29
16 推动中国第二次农业革命的领军人——王乐义 …… 31
17 治沙播绿，兴场富民的好领导——王有德 …… 33
18 励志革新的石油人——王启民 …… 35
19 被誉为“铁人”的石油工人优秀代表——王进喜 …… 37
20 川藏邮使——王顺友 …… 39
21 草鞋书记——邓平寿 …… 41
22 当代产业技术工人的突出代表——邓建军 …… 43
23 两弹元勋——邓稼先 …… 45
24 播撒爱的使者——丛　飞 …… 47
25 自强不息的“工人教授”——包起帆 …… 49

目录

26 身残志坚的钢铁战士——史光柱……53
27 优秀的农村基层工作带头人——史来贺……55
28 舍生抗击“非典”的白衣战士——叶 欣……57
29 拼搏奉献，忠于操守的新闻人——甘远志……59
30 造福桑梓的巾帼英雄——申纪兰……61
31 助人为乐，情系教育的热心老人——白方礼……63
32 立警为公，执法为民的杰出代表——任长霞……65
33 爱憎分明的小英雄——刘文学……67
34 勇拦惊马，舍身救人的伟大战士——刘英俊……69
35 卓越的数学巨匠——华罗庚……71
36 蹈火殉职的女英雄——向秀丽……73
37 草原人民的好儿子——廷·巴特尔……75
38 名扬四海的工人“技术专家”——许振超……77
39 老百姓的“主心骨”——达吾提·阿西木……79
40 影响时代的青年标兵——邢燕子……81
41 航空发动机之父——吴大观……83
42 缔造“天下第一村”的优秀带头人——吴仁宝……85
43 为民分忧解难的好干部——吴天祥……87
44 乡镇党委书记的榜样——吴金印……89
45 爱满天山的“白衣圣人”——吴登云……91
46 模范法官——宋鱼水……93
47 富于理想，勇于献身的优秀大学生——张 华……95
48 人民满意的优秀公务员——张云泉……97
49 “心有一团火，温暖顾客心”的优秀售货员——张秉贵……99
50 身残志坚的“当代保尔”——张海迪……101
51 环卫战线的典范——时传祥……105
52 一心报国的著名地质学家——李四光……107
53 播撒仁爱的天使——李春燕……109
54 知心伴侣，模范教师——李桂林、陆建芬夫妇……111
55 医德高尚的“门巴将军”——李素芝……113
56 扎根边疆的“马背医生”——李梦桃……115

目 录

57 杰出的农民育种家——李登海……117
58 航天英雄——杨利伟……119
59 热爱平凡岗位的人民勤务员——杨怀远……121
60 神勇无畏的志愿军战斗英雄——杨根思……123
61 献身国防现代化的模范军人——苏 宁……125
62 老百姓心中的好书记——谷文昌……127
63 美与人性的使者——邰丽华……129
64 烈火中的真英雄——邱少云……131
65 救险殉难的英雄飞行员——邱光华……133
66 甘于奉献的好民警，人民群众的贴心人——邱娥国……135
67 数学皇冠摘明珠的数学家——陈景润……137
68 誓死保卫海疆的钢铁战士——麦贤得……139
69 钢铁行业的旗帜——孟 泰……141
70 为人师表，品德高尚的模范教师——孟二冬……143
71 抗震救灾英雄少年——林 浩……145
72 卓越的人民医学家——林巧稚……147
73 孤寡老人的好女儿——林秀贞……149
74 勇拦惊马的爱民模范——欧阳海……151
75 创造奇迹的“爱的守护者”——罗映珍……153
76 鞠躬尽瘁的科技界楷模——罗健夫……157
77 舍己救人的国际主义战士——罗盛教……159
78 草原英雄小姐妹——龙梅 玉荣……161
79 纺织战线的一面旗帜——赵梦桃……163
80 抗击“非典”第一人——钟南山……165
81 大爱至善的“江湖义士”——唐山十三农民……167
82 中国乒坛的里程碑——容国团……169
83 全心全意为民服务的劳动模范——徐 虎……171
84 “以青春换成功”的新一代石油人——秦文贵……173
85 杂交水稻之父——袁隆平……175
86 科学巨子——钱学森……177
87 德艺双馨的人民艺术家——常香玉……179

目　录

88　惊天地泣鬼神的特级战斗英雄——**黄继光** ……181
89　献身科学事业的楷模——**彭加木** ……183
90　县委书记的榜样——**焦裕禄** ……185
91　英年早逝的科技英才——**蒋筑英** ……187
92　大孝感天地的道德模范——**谢延信** ……189
93　好军嫂——**韩素云** ……191
94　金牌工人——**窦铁成** ……193
95　勇救山火的少年英雄——**赖　宁** ……195
96　永不生锈的螺丝钉——**雷　锋** ……197
97　清正廉洁的铁法官——**谭　彦** ……199
98　最疼爱学生的老师——**谭千秋** ……201
99　“小巷总理”——**谭竹青** ……203
100　敦煌女儿——**樊锦诗** ……205

独臂英雄忠诚卫士——丁晓兵

边陲饮誉奉忠诚，独臂奋发唱大风。

百炼千锤重自励，摸爬滚打出基层。

战时忘死铮铮誓，平日争先历历行。

模范士兵好政委，英雄本色亮军营。

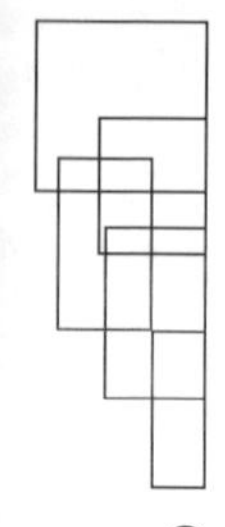

丁晓兵小传

丁晓兵，男，汉族，安徽省合肥市人，1965年出生，中国共产党党员。现任中国人民武装警察部队广西总队政委。2015年1月晋升为中国人民武装警察部队少将警衔。

1984年10月，在一次重大军事行动中，丁晓兵勇入敌人阵地生擒俘虏。在回撤途中，为了掩护战友和俘虏，他在抓起敌人投来的手雷向外抛的瞬间，手雷突然爆炸，他的右臂被炸得只存一点儿皮肉。为了把任务完成到底，他以惊人的毅力用匕首割下残臂，扛着俘虏，冒着炮火翻山越岭4个多小时才与接应分队碰上头。路过的前线医疗分队切开他腿部的动脉血管强行压进大量血浆，才保住了他的生命。2003年，部队在淮河流域抗洪抢险，丁晓兵凭着一只胳膊扛包运土、潜水围堰。30年来，他把对党的忠诚、对国家的热爱、对部队的责任，全部倾注于他军人生涯中的每一个细节，付诸于部队生活的每一个举动。此外，他结合工作实践创造的鲜活经验，有105条被上级肯定和推广，在部队建设中发挥了积极作用。

丁晓兵被授予“全国先进共产党员”“保持英雄本色的忠诚卫士”荣誉称号。

【事迹悟语】

身残志坚，自强不息，熊熊烈火燃不尽无私奉献的坚定意志，枪林弹雨挡不住报效祖国的赤胆雄心。靠左手敬出的军礼，面向五星红旗，如此雄壮又伟岸；用精神书写的故事，传遍祖国大地，令人敬仰而奋发。

忠心报国的劳动模范——马万水

从业贵精进，状元出百行。

矿山劳动赛，小组勇担纲。

掘地夺红旗，攻坚多技方。

中国现代化，钢铁铸栋梁。

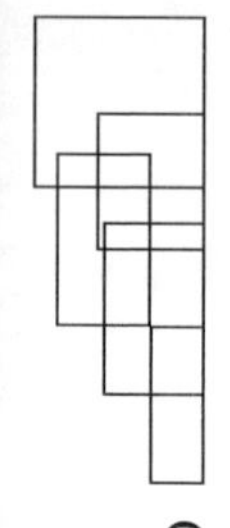

马万水小传

马万水（1922—1961），男，汉族，河北省深州市人，中国共产党党员。

1949 年，27 岁的马万水来到河北龙烟铁矿当工人，后担任组长、东采矿部副主任、龙烟钢铁公司井巷工程公司副经理。

河北龙烟铁矿在新中国成立前多次遭到敌人破坏，早已千疮百孔，加上 30 号石巷是坚硬的石英岩层，工人们苦干一个月才打进去 1.7 米。当时年仅 27 岁的马万水被调到该矿 5 组，他进组一个月后，全月掘进效率便由 1.7 米提高到了 6 米。1950 年 6 月，马万水所在的 5 组被正式命名为“马万水小组”。此后，“马万水小组”多次创造全国黑色金属矿山的掘进最高纪录，并总结出 200 多项先进技术，形成了整套快速掘进的先进经验。1961 年 8 月 12 日，年仅 38 岁的马万水因癌症不幸病逝。在中国的矿业开发史上，马万水这个名字是一段历史，更是一段传奇。

马万水是第一、二届全国人大代表，被授予“全国劳动模范”荣誉称号，“马万水小组”两次被授予“全国模范集体”称号。

【事迹悟语】

将毕生心血奉献于黑色金属，以坚定信念谱写着时代精神。他创造的铁矿奇迹，深深地铭刻在中国矿业开发的历史丰碑中。花开了会谢，雪过了又融，三十八年短暂而过，但埋头苦干、拼搏奉献的精神，却如那青山的苍松，屹然而立，直至永恒。

林业战线的一面旗帜——马永顺

木断汗蒸喊顺山，灌丛高树叹连绵。

争先尽展英雄气，把酒任凭风雪寒。

他日森林待永续，老时绿化争流年。

今生来世青山恋，塞北愚公唱空前。

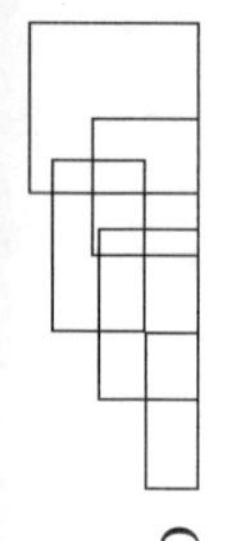

马永顺小传

马永顺（1914—2000），男，汉族，天津市人，中国共产党党员。生前系黑龙江省伊春市铁力林业局副局长。

马永顺是新中国第一代伐木工人。1948 年冬季，他手工采伐木材 1200 立方米，一人完成 6 个人的伐木量，创造了全国手工作业伐木之最。他创造的“流水作业法”“安全伐木法”“四季锉锯法”，被写入全国手工伐木的教科书。在当林业工人的 34 年里，他一共伐树 3.65 万棵。后来，他又致力于义务植树，带领全家人义务植树 5 万余棵。1982 年退休后，他牢记周总理“青山常在，永续利用”的嘱托，面对森林资源的过量采伐和小兴安岭水土流失的日益严重，决心以栽树的实际行动偿还对大山的“欠账”。在近 16 年的时间里，他带领全家共栽树 4.65 万棵。

2000 年 2 月 10 日，马永顺因心脏病突发在黑龙江省铁力市去世，享年 87 岁。他是中共十大、十一大代表，被授予“全国劳动模范”“全国十大绿化标兵”等荣誉称号。

【事迹悟语】

青葱林海，展现着和谐环境的翠绿画卷；雨淋汗洒，凝结成顺民利国的崇高情怀。他以勤奋和智慧，让一片片翠屏拔地而起；他用信仰和奉献，让一代代人民永记心间。肩扛“绿色大旗”的斗士，让黑土大地的上空，湛蓝无边。

英雄集体的带头人——马恒昌

开篇崇建设，意气冲天高。

竞赛促生产，爱国鼓浪潮。

兢兢重创新，屡屡夺魁标。

豪迈七十载，人生走两遭。

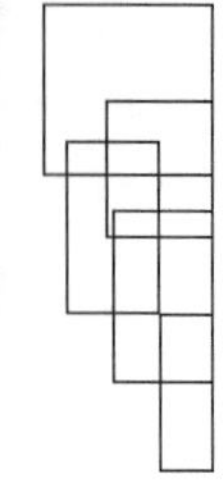

马恒昌小传

马恒昌（1906—1985），男，汉族，辽宁省辽阳县人，中国共产党党员。生前系齐齐哈尔市第二机床厂党委副书记、总机械师。

1948年11月，沈阳刚刚解放。第五机器厂的一个小组在马恒昌的带领下，在敌机不断骚扰轰炸的情况下，奋不顾身地完成了一批批军工生产任务，以优异的成绩于1949年4月28日获得“生产竞赛模范班”的红旗，“马恒昌小组”也因此而诞生，并声名远扬。1951年抗美援朝战争爆发后，“马恒昌小组”通过《工人日报》向全国职工发出了“开展爱国主义劳动竞赛”的倡议，在较短时期内，得到了全国1.8万个班组的积极响应。这一年，“马恒昌小组”提前两个半月完成了国家下达给他们的任务，创造了69项新纪录。从1950年至1978年，“马恒昌小组”用29年的时间，累计完成了43年零10个月的工作量，实现技术革新840多项。

马恒昌是第一至第六届全国人大代表，被授予“全国劳动模范”等荣誉称号。

【事迹悟语】

忘我拼搏，勇挑重担；奋发进取，开拓创新；艰苦奋斗，不屈不挠；团结协作，无私奉献……当这些精神汇集在一个点上，便会辐射一个群体，点亮中国劳动者的热情，燎燃华夏大地。

国际主义战士，新中国卫生事业的先驱
——马海德

博爱向和平，德高艺湛精。

求学日内瓦，转战陕甘宁。

顾问疗伤病，驱污扫麻风。

深情钟异乡，血印中国红。

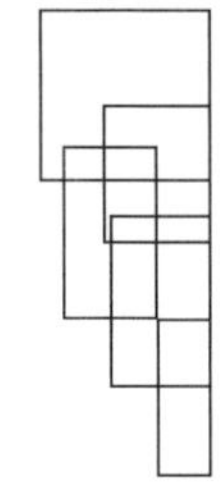

马海德小传

马海德（1910—1988），原名乔治·海德姆，祖籍黎巴嫩，出生于美国，中国共产党党员。

20世纪70年代末开始，马海德积极推动中外医学界的交流与合作，一方面对外宣传中国在消灭性病、麻风病等方面的经验和成就，提高国际影响力；另一方面，从20世纪80年代开始，引进国外治疗麻风病的新技术并广泛争取国际支援。他曾抱病出访十几个国家，为中国争取了价值上千万美元的药品、医疗器械和交通工具等援助，为中国医疗卫生事业和世界麻风病防治工作的发展做出了突出贡献。新中国成立后，马海德利用出访和接待工作的机会，向世界各地的人们介绍新中国，为中国革命和建设争取良好的国际环境起到了极大的推动作用。中华人民共和国卫生部授予他"新中国卫生事业的先驱"荣誉称号。

马海德是第五届全国政协委员，第六、第七届全国政协常委。马海德铜像于2015年1月23日在湖北省花山镇的武汉麻风防治中心举行揭幕仪式，旨在纪念他为新中国防控麻风病事业做出的突出贡献。

【事迹悟语】

漂洋过海，不远万里，为中国病患开启了生命之门；满腔热情，研究奉献，为医疗事业翻开了崭新篇章。他令病毒细菌无处藏身直至消灭殆尽，他让患者的黑白世界逐步变得多彩四溢。医者，仁心，救人，忘己。炽热至美的心灵，行善高德的一生，他的名字将永远地刻在新中国卫生事业的丰碑中。

追求卓越为国争光的英雄团队

——中国女排五连冠群体

铿锵玫瑰花，怒放亮排坛。

豪取五连冠，弘扬奋斗篇。

功成多汗水，身累少安闲。

众志励成城，忠精报黄炎。

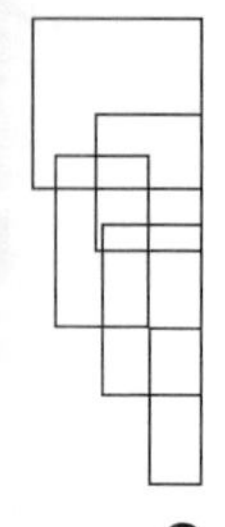

中国女排小传

1981 年第三届世界杯赛上，中国女排以 7 战全胜的战绩首次夺得世界冠军，开创了中国女排的新纪元。之后，中国女排再接再厉，不屈不挠，克服重重困难，相继蝉联 1982 年第九届世界女排锦标赛、1984 年洛杉矶奥运会、1985 年世界杯赛和第十届世界女排锦标赛冠军，完美地诠释了顽强拼搏、团结奋斗、无私奉献、为国争光的中华体育精神。中国女排夺冠后，五星红旗一次次升起、国歌一次次奏响的场景，让中华儿女热血沸腾。一时间，各行各业掀起了学习女排精神、发扬女排精神的热潮，“团结起来，振兴中华”的口号响彻神州大地。女排精神成为民族精神和时代精神的重要象征。中国女排五连冠群体为我国体育事业和社会主义现代化建设做出了重要贡献。女排精神至今仍然激励着中华各族儿女不断奋发向上、奋勇拼搏。

【事迹悟语】

一项运动，澎湃了亿万人民的热血心潮；一个群体，展现了巾帼英杰的飒爽英姿。一滴滴努力的汗水，一次次奋力的跳跃，一场场振奋的胜利，一幕幕飘扬的国旗。她们让世界看到了中华儿女拼搏向上、永不服输的奋斗精神，创造了世界体育史的惊人奇迹。她们将掌声、喝彩、鲜花、笑颜，定格在人生的辉煌旅途中。

独领风骚的“蓝领专家”——孔祥瑞

敬业学无止，扬鞭自奋蹄。

听音断器病，展技解难疑。

册注多发明，障排少误失。

专家蓝领秀，实践缔传奇。

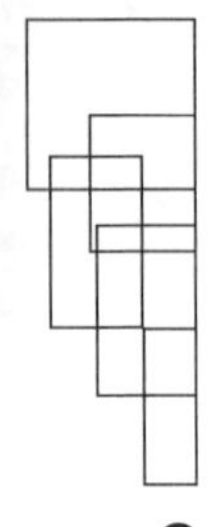

孔祥瑞小传

孔祥瑞，男，汉族，1955年出生，天津市人，中国共产党党员，高级工人技师。

孔祥瑞是伴随天津港建设发展而成长起来的新时期知识型产业工人。长期以来，孔祥瑞坚持实践，坚持创新，先后主持开展技术革新项目150多个，获多项国家专利，为企业创效近9 600万元，成为人人敬佩的知识型产业工人。他多次放弃深造机会，始终坚持在实践中学习，将工作岗位当成课堂，把生产实践作为教材，将设备故障当作课题，把身边怀有一技之长的工友视为老师，努力攻克了一个又一个技术难关，赢得了“蓝领专家”的美誉。

孔祥瑞曾先后获得过“全国五一劳动奖章”“全国劳动模范”“全国优秀共产党员”“天津市劳动模范”等荣誉称号，并多次获得天津市“八五”“九五”立功奖章。

【事迹悟语】

他将创新融入自己的身体，把探索化为跳动的脉搏。求真的思想迸发出智慧的火花，不懈的实践开拓出行业的未来。为事业的理想拼搏进取，为人生的追求刻苦奋斗。新技术的创造，是人生中汗水滴灌的结晶；工人们的敬意，是人生中最闪耀的胸章。

领导干部的楷模——孔繁森

雪域接天淬苦寒，驱驰三度累十年。

辛劳何怨故乡远，负重自知任在肩。

扶教兴农固根本，消灾救困解倒悬。

殉职悲壮恸天地，万众伤情向雪山。

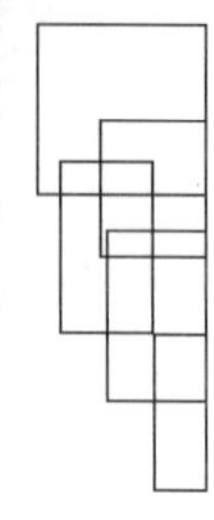

孔繁森小传

孔繁森（1944—1994），男，汉族，山东省聊城市人，中国共产党党员。生前系西藏阿里地区地委书记。

1961 年，17 岁的孔繁森光荣参军，在部队连年被评为“五好战士”。1966 年 9 月，孔繁森光荣地加入中国共产党。1969 年，他从部队复员后，先当工人，后被提拔为国家干部。1979 年，国家要从内地抽调一批干部到西藏工作，时任地委宣传部副部长的孔繁森主动报名。1988 年，山东省再次选派进藏干部，组织上决定让他带队第二次赴藏工作。1992 年底，孔繁森第二次调藏工作期满，西藏自治区党委决定任命他为阿里地委书记。在工作中，孔繁森与农民一起干农活、修水利、抗灾害。他几乎跑遍了所有的学校、敬老院，为教育事业操劳，为老人们送去温暖。在孔繁森的勤奋工作下，阿里经济有了较快的发展。1994 年，全地区国民生产总值超过 1.8 亿元，比上年增长 37.5%；国民收入超过 1.1 亿元，比上年增长 6.7%。他为了把阿里地区的经济带上新台阶，率领相关单位亲自去新疆西南部的塔城进行边境贸易考察。

1994 年 11 月 29 日，孔繁森在完成任务返回阿里的途中，不幸发生车祸，以身殉职，时年 50 岁。他被评为“全国民族团结进步模范”“全国先进工作者”等荣誉称号。

【事迹悟语】

群众，是他的亲人；岗位，是他的使命。他身体力行、兢兢业业，留下了一位基层干部的平凡而伟大的一生。他的人生，由无数个“爱”组成，“爱岗、爱党、爱人民、爱国家……”，将这些“爱”串在一起，便聚成了崇高的精神和强烈的感召力，并在新的时代条件下得到传承和升华。

高扬职业操守的道德模范——文花枝

真情待远客，诚信誉八方。

天降旦夕祸，命悬生死场。

独呼先老幼，自慰晚疗伤。

春风颂大爱，高品动三湘。

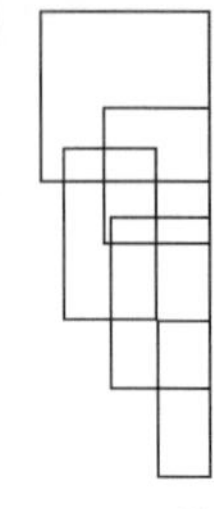

文花枝小传

文花枝，女，汉族，湖南省韶山市人，1982年出生，中国共产党党员。她是湘潭新天地旅行社的青年导游。

2005年8月28日，一场旅游途中的车祸令文花枝所乘坐的旅游大巴车严重变形。危急时刻，车里传来文花枝“挺住！加油！”的鼓励声。事后许多亲历者都说，正是这个很有穿透力的声音，给了大家支撑下去的勇气。在这起重大交通事故中，文花枝是伤得最重的一个。当施救人员一次次向她走来时，她总是吃力地摇摇头说：“我是导游，我没事，请先救游客！”在长达两个多小时的救援时间里，她多次昏迷，是最后一个被救出来的。由于延误了宝贵的救治时间，她的左腿多处骨折，伤势严重，医生不得不为文花枝做了左腿截肢手术。

文花枝的事迹经过媒体报道后，她成了公众眼中的英雄，引起了社会各界的关注。在文花枝看来，自己只是做了一件很平凡的事情，但在许多人眼里，她那一瞬间的选择，来自于平时一点一滴利益面前选择的积累和修炼，是一个英雄的壮举，她无悔的选择震撼着许多人的心灵。她是中共十八大代表，被评为“全国道德模范”“中国十大杰出青年”等荣誉称号。

【事迹悟语】

迎着灾难的黑暗，她用铿锵有力的信念，为旅客点亮生命的明灯；面对死亡的威胁，她舍弃自己的身躯，为他人赢得宝贵的时间。有大爱无边心灵的承载，仅用一条腿，坚强的姑娘也能挺拔地站在精神制高点上，唱出高尚人格的强者之歌。

追求真理、传播先进理论的模范教员——方永刚

军中文胆奋当时，大众学人远近知。

口授心传新理论，躬身愿做平民师。

纯洁信仰求实是，专著文章严谨思。

病索鲲鹏难展翅，春蚕吐尽口中丝。

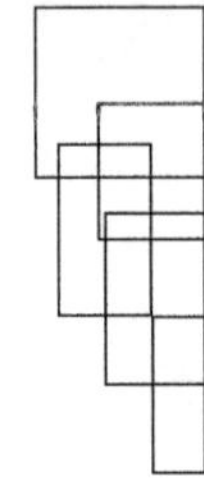

方永刚小传

方永刚(1963—2008),男,汉族,辽宁省朝阳建平县人,中国共产党党员。

方永刚1985年从复旦大学历史系毕业,同年7月入伍,1992年12月入党。他是历史学学士、法学硕士、军事学博士,先后在海军政治学院、海军大连舰艇学院任教。

20多年来,方永刚一直从事政治理论教学和研究工作,在发展军队教育事业和宣传党的创新理论方面取得了优异成绩。他几乎把业余时间全都用在刻苦学习党的创新理论上,并及时把学习研究成果运用到教学实践中。他先后主编了16部党的创新理论研究专著,发表学术论文100多篇,其中在国家和军队核心期刊上发表40多篇,荣获"全军政治理论研究优秀成果"一等奖等28个奖项,完成了国家社科基金项目军队重点理论研究课题7项。2006年11月,方永刚被确诊为癌症晚期,他在与病魔抗争的同时,依然顽强地进行工作,在治疗间隙,依然坚持为学员们授课。

2008年3月25日,方永刚在北京病逝,终年45岁。2007年,他被中央军委授予"忠诚党的创新理论的模范教员"称号。

【事迹悟语】

将忠诚和青春献于三尺讲台,让知识的血液源源永注,代代相承。通过探索求真的研究热情,波澜壮阔的伟大实践,为新世纪新阶段我军历史使命提供科学的理论基础和强大的精神动力。他不仅是一位理论知识的积极传播者,更是探索创新的模范践行者。

人民的忠诚卫士——方红霄

威风趁绿装，气慑鬼妖狂。

危难显身手，忠诚护法纲。

热肠扶老弱，慷慨助饥荒。

蹈火何所惧，处突不彷徨。

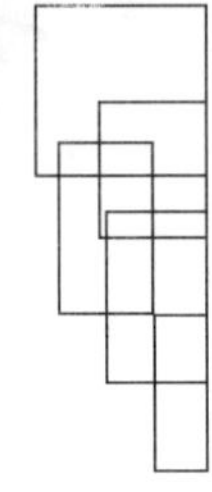

方红霄小传

方红霄，男，汉族，1970年出生，湖南省岳阳市人，中国共产党党员。

1990年6月26日是国际禁毒日。当天，方红霄目睹上千千克毒品化为灰烬，35名罪大恶极的毒贩在刑场正法。毒品对人类所造成的惨痛灾害，强烈地刺痛了方红霄的心灵。因此，他决心投身于反毒斗争的第一线。1993年，他走上昆明火车站执勤哨位。由班长、排长到中队长，他头上的国徽始终闪烁着人民卫士的忠诚。面对一次次生与死的考验，他铁骨铮铮，义正词严："站着该是柄利剑，即使倒下，也要成为一道犯罪分子不可逾越的屏障。"在昆明火车站执勤点这片缉私缉毒、打击犯罪的特殊战场上，他令不法之徒闻之丧胆，见之落网。他身上的7处伤疤，处处都是惊心动魄、历险搏斗的见证。6年时间和战友们共计查获海洛因等毒品45千克、假钞14万元、枪支41支，抓获犯罪分子1900人，他让昆明火车站成为一道犯罪分子不可逾越的屏障。

方红霄被授予"中国青年五四奖章"，荣获首届"中国武警十大忠诚卫士"称号。

【事迹悟语】

危难挡不住前行的脚步，伤痕印记着赤诚的忠心。险境，斩棘而上，因为我们知道，那手中的钢枪和热血的胸腔正奏响着冲锋乐章；黑暗，无所畏惧，因为我们看见，那头顶的国徽和胸前的奖章正闪耀着万丈光芒。

国家的光荣，人民的骄傲——毛岸英

童年流落苦营生，辗转苏俄历峥嵘。

信仰择抉唯马列，延安锻炼拜工农。

援朝自荐趋前线，作战随谋虑慎行。

埋骨青山领袖泪，壮哉无愧满门忠。

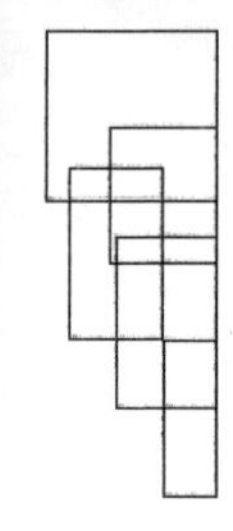

毛岸英小传

毛岸英（1922—1950），本名远仁，字岸英，初名永福，湖南省湘潭市人，是毛泽东与其妻子杨开慧的长子。

1922年10月24日，毛岸英出生在湖南省长沙市。8岁时，由于母亲杨开慧被捕入狱，毛岸英也被关进牢房。杨开慧牺牲后，地下党组织安排毛岸英和两个弟弟来到上海。后来，由于地下党组织遭到破坏，毛岸英兄弟流落街头。他当过学徒，捡过破烂，卖过报纸，推过人力车。1936年，毛岸英和弟弟毛岸青被安排到苏联学习，后来参加了苏联卫国战争，冒着枪林弹雨，转战欧洲战场。1946年，毛岸英回到延安，同年加入中国共产党。毛岸英遵照毛泽东“补上劳动大学这一课”的要求，在解放区搞过土改，做过宣传工作，当过秘书。新中国成立初期，担任过工厂的党委副书记。他虽然是毛泽东的儿子，但是从来没有因自己是领袖的儿子而搞特殊化，相反，总是处处严格要求自己，努力和普通劳动群众打成一片。1950年10月毛岸英参加中国人民志愿军，1950年11月25日在美军空袭中牺牲。

【事迹悟语】

领袖之子，以冲锋陷阵的凛然投身于枪林弹雨，只为人生坚定的追求；士兵之身，以血肉之躯为代价奉献于异国战场，只为世界和平的美好。红色后代的楷模榜样，以行动诠释了血气方刚，以精神感动了神州大地。

“一不怕苦，二不怕死”的人民战士——王 杰

从军无反顾，进取绩突出。

服务标宗旨，奋发励不足。

天崩地裂荡，虎跳龙匍匐。

不怕苦和死，真金耀熔炉。

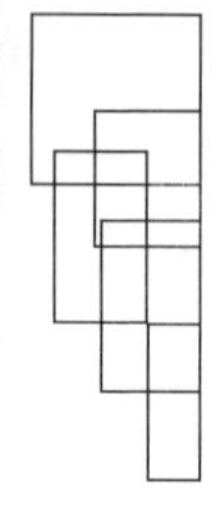

王杰小传

王杰（1942—1965），男，汉族，山东省金乡县人，中国共产党党员。

1957 年，大水淹没家乡，王杰冒着生命危险抢救生产队的马匹。1961 年 8 月，王杰应征参加中国人民解放军，在济南军区装甲兵某部工兵一连当战士。1962年2月加入中国共产主义青年团。1965年7月14日，在演示炸药包使用时，炸药包忽然引燃。为了保护周围的民兵，年仅 23 岁的他扑向炸药包，用自己的身体把炸药包完全盖住，不幸牺牲，以血肉之躯保护了周围12条鲜活的生命，而他美好的青春年华在 23 岁之时却戛然而止。王杰被追认为“中国共产党党员”“革命烈士”。

战友们在后来处理王杰遗物时，发现了 20 多本日记。两年来的日记中，王杰几十次提到董存瑞、黄继光、雷锋等英模的名字，记述这些英模的事迹，还对照英模不断寻找差距：“什么是理想？革命到底就是理想。什么是前途？革命事业就是前途。什么是幸福？为人民服务就是幸福。为党的事业忠心耿耿，为革命胜利勇于牺牲。是共产党员哪能不视死如归，作为革命军人岂能管个人安危。我们要一不怕苦，二不怕死，当一个大无畏的人……”

【事迹悟语】

一个人的身躯换回十二个同胞的生命，对党和人民奉献一生的坚定信念和崇高的理想追求，将他的人生价值变得与泰山同重。他用舍己为人的行动实现了他的英雄志愿，以生死无惧的精神诠释了人民卫士的不朽军魂。

“当代毕昇”——王选

千年印术铸泥铅，革命引潮举步艰。

镭射照排光电影，报刊出版高精尖。

信息一体新时代，市场繁荣学产研。

两院衔名当不朽，毕昇心法有新传。

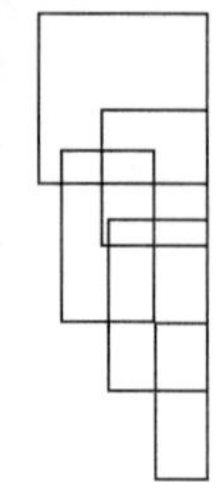

王选小传

王选（1937—2006），男，汉族，江苏省无锡市人，九三学社社员。

1975 年，王选对国家正要开展的汉字激光照排项目产生了兴趣。当时国外已经在研制激光照排四代机，而我国仍停留在铅印时代。王选大胆地选择技术上的跨越，直接研制西方还没有的第四代激光照排系统。他发明了高分辨率字形的高倍率信息压缩技术和高速复原方法，率先设计出相应的专用芯片，在世界上首次使用“参数描述方法”描述笔画特性，并取得欧洲和中国的发明专利。这些成果开创了汉字印刷的一个崭新时代，引发了我国报业和印刷出版业“告别铅与火，迈入光与电”的技术革命，彻底改造了我国沿用上百年的铅字印刷技术。国产激光照排系统使我国传统出版印刷行业仅用了短短数年时间，从铅字排版直接跨越到激光照排，走完了西方几十年才完成的技术改造道路，被公认为毕昇发明活字印刷术后中国印刷技术的第二次革命。王选两度获中国十大科技成就奖和国家技术进步一等奖，并获 1987 年我国首次设立的印刷界个人最高荣誉奖——毕昇奖，被誉为“当代毕昇”。

王选是中国科学院院士、中国工程院院士，先后获得“国家最高科学技术奖”“国家科技进步一等奖”。

【事迹悟语】

四大发明的传承者，出版印刷业高科技发展的引导者和领路人。他对研究创造的执着追求，对科技后辈的谆谆教诲，源自内心矢志不渝、百折不挠的进取之心。中国科技界的领军人物，以永不磨灭的探索精神，让世界听到中国科技者强劲有力的呐喊！

纪检工作战线上的优秀标兵——王 瑛

清廉自律严，执纪慑贪官。

叫断特殊化，干群无隙间。

架通连心桥，牵挂暖与寒。

赤子冰清怀，铮铮沥胆肝。

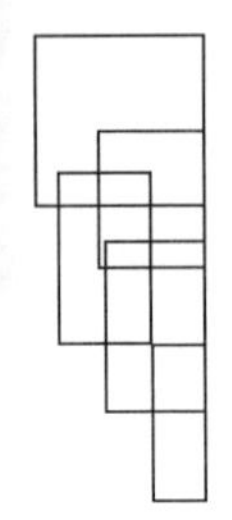

王瑛小传

王瑛（1961—2008），女，回族，四川省阿坝州人，中国共产党党员。

2006年7月，时任南江县纪委书记的王瑛累倒在抗旱第一线，经查已是肺癌晚期。此后两年，她在与病魔顽强斗争的同时，始终坚持把维护人民群众的利益放在至高无上的位置。“5·12”汶川特大地震发生第二天，正在重庆化疗的王瑛不顾医生劝阻，连夜赶回南江，投身抗震救灾工作中。她没日没夜地拖着重病的身体，下乡查看灾情，访民疾苦，监督救灾资金和物资的发放，查办违法、违纪案件。

2008年11月27日，王瑛因病情恶化，在前往重庆治疗的途中不幸去世，年仅47岁。2009年，王瑛被追授为中国共产党党员。党和国家领导人多次批示，要求在全国掀起学习王瑛同志先进事迹的高潮。如今，王瑛已成为永驻人心的时代先锋，大巴山人把她称为“永远的巴山红叶”。

【事迹悟语】

办实事，真诚为民，她胸怀真情；治腐败，雷厉风行，她赤胆忠心。病魔敌不过坚韧，灾难撼不动精神。那颗饱含热忱的公仆之心，好似灿美如霞的红叶，开遍了巴山，渲染了华夏，映衬了中华，芬芳了万家。

推动中国第二次农业革命的领军人——王乐义

心系富民衔众望，精研农艺春秋忙。

经年奔走勤实践，数度辛劳终报偿。

反季菜蔬飨万众，传播新技誉八方。

品牌绿色产经销，开拓引潮助振邦。

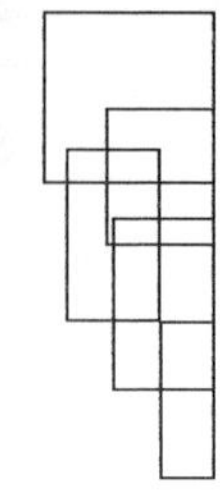

王乐义小传

王乐义，男，汉族，1941 年出生，中国共产党党员，山东省寿光市孙家集街道三元朱村党支部书记。

1989 年，王乐义带领村民率先在寿光市试验成功了日光温室蔬菜种植生产技术，掀起了一场“菜篮子革命”，使得北方人在冬天也能吃到新鲜的蔬菜。他曾多次到河南、河北、湖南、湖北、新疆、吉林、山西等地传播蔬菜生产理论和经验，派出 1000 多人次到二十多个省市实地指导蔬菜生产。他引进、试验新技术、新品种，为广大农民开创了一条致富路，被誉为“大棚蔬菜之父”“南有袁隆平，北有王乐义”“农民的儿子”。王乐义曾在 1978 年因直肠癌做过大手术，但他凭借顽强的毅力战胜病魔，至今身体依然健壮硬朗，他胸襟坦荡，无私地将大棚技术在全国推广，使亿万农民走上了致富奔小康的道路。

王乐义是中共十五大、十六大、十七大代表，曾先后获得“全国优秀共产党员”“全国劳动模范”“全国农业科技推广先进工作者”等荣誉称号。

【事迹悟语】

潜心研习，播下智慧种子；付诸实践，衍生绿色价值。一项技术，让冬季北方的大地生机勃勃；一场革新，让辛勤耕耘的农民欢呼雀跃。理论的钻研结合不懈地实践，即使是一位普通农民，也可以为数代人，开阔出一片蓝天，创造出幸福生活。

治沙播绿，兴场富民的好领导——王有德

言掷毛乌素，周旋斗漠荒。

平沙固水土，播绿美山乡。

兴场谋发展，开源奠富康。

甘为孺子牛，造福在一方。

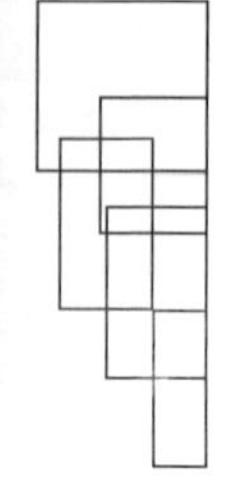

王有德小传

王有德，男，回族，1954 年出生，中国共产党党员。1973 年参加工作，1981 年加入中国共产党，曾任宁夏灵武白芨滩国家级自然保护区管理局党委书记、局长兼灵武市白芨滩防沙林场党委书记、场长。

20 多年来，王有德团结带领干部职工坚持治沙播绿、兴场富民，完成治沙造林 45 万亩①，控制流沙面积 58 万亩，建设沙地果园 4 000 多亩，兴办 5 个多种经营公司，建立 1 000 余亩苗木花卉培育中心，对外承揽 100 多处绿化工程，创收 1 亿多元，弥补了治沙资金的不足，成功走出了一条“以林为主、林副并举、多种经营、全面发展”的改革发展之路，极大地改善了林场生态环境和全场职工的生活条件，呈现出人进沙退的可喜局面。他成功组织实施了 6 个外援治沙项目，为中国林业的对外合作与交流探索了一条新路。林场固定资产由 1985 年前的不足 40 万元增加到 6 300 万元，林木资产由 1985 年前的不足 500 万元增加到 3 亿元，职工人均年收入超过 2 万元，实现了“山上绿、场子活、职工富”的奋斗目标。

王有德是中共十七大、十八大代表、第十届全国人大代表，被授予“全国优秀共产党员”“全国劳动模范”“全国先进工作者”等荣誉称号。

【事迹悟语】

让飞扬的流沙化身为青翠的屏障，将广袤的荒漠演变为盎然的绿洲。身先士卒，埋头苦干，把事业视为生命，将奉献贯穿血脉。他靠自己的汗水和双手，散播出财富的种子，让人民收获丰硕的果实。

---

① 亩为非法定计量单位，1 亩≈667 平方米。

励志革新的石油人——王启民

投身大会战，闯将赋豪言。

誓继铁人志，奋书科技篇。

油田庆稳产，工艺仰高端。

熬尽一腔血，担纲任在肩。

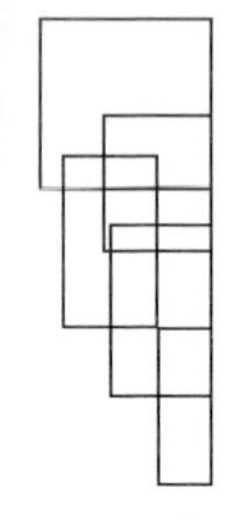

王启民小传

王启民，男，汉族，浙江省湖州市人，1937 年出生，中国共产党党员。

20 世纪 60 年代，王启民提出的“高效注水开采方法”，打破了当时国内外普遍采用的“温和注水”开采方式，开创出中低含水阶段油田稳产的新路子。20 世纪 70 年代，他主持进行的“分层开采、接替稳产”开发试验，使油田水驱采收率提高了 10% 至 15%。20 世纪 90 年代，他组织实施的“大庆油田高含水期稳油控水系统工程”结构调整技术，创立了油田高含水后期“控液稳产”的新模式。王启民的辛勤工作，为大庆油田创造了巨大的经济效益，仅“表外储层”开发研究成果，就相当于为大庆增加了一个地质储量为 7.4 亿吨的大油田，按 2 亿吨的可采储量计算，价值 2 000 多亿元。

王启民是中共第十五大代表，被授予“全国优秀共产党员”“全国先进工作者”等荣誉称号。

【事迹悟语】

敢为天下先，勇攀科技峰；艰难苦不惧，为国永拼争。他以国家和人民利益为重，毫无自私自利之心的高尚品质，使“铁人精神”的内涵在新的历史时期得到继承和发扬。

被誉为“铁人”的石油工人优秀代表——王进喜

三军旗竖玉门关，大庆会师动地天。

钻探号称钢铁队，担当何惧北风寒。

贫油辗转翻新梦，舍命拼搏践誓言。

滚滚油龙频喜报，铁人故事英雄篇。

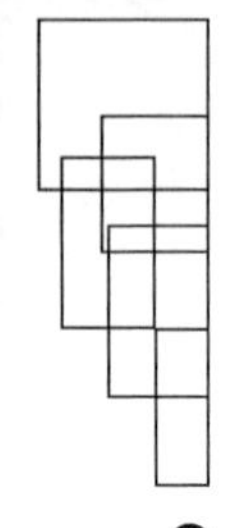

王进喜小传

王进喜（1923—1970），男，汉族，甘肃省玉门市人，中国共产党党员。中国石油工人的代表，中国工人阶级的先锋战士，他为祖国创造了巨大物质财富的同时，还给我们留下了精神财富——铁人精神。

王进喜 1956 年 4 月加入中国共产党。1958 年 9 月，他带领钻井队创造了当时月钻井进尺的全国最高纪录，荣获“钢铁钻井队”称号。1960 年 3 月，王进喜率队从玉门到大庆参加石油大会战，组织全队职工用“人拉肩扛”的方法搬运和安装钻机，用“盆端桶提”的办法运水保开钻。他不顾腿伤跳进泥浆池，用身体搅拌泥浆压井喷，被誉为“铁人”。王进喜先后任 1205 钻井队队长、钻井指挥部装建大队、钻井二大队大队长、钻井指挥部副指挥、大庆市革委会副主任、中共大庆核心小组副组长等职务。

1970 年 11 月 15 日，王进喜因胃癌医治无效逝世，年仅 47 岁。新中国成立 40 周年之际，他与雷锋、焦裕禄、史来贺、钱学森一起被中共中央组织部命名为“建国以来在群众中享有崇高威望的共产党员优秀代表”。世纪之交，他同孙中山、鲁迅、雷锋、焦裕禄、李四光、毛泽东、邓稼先、邓小平、袁隆平一起被评为“百年中国十大人物”，写入中华民族的光辉史册。

【事迹悟语】

他是工人阶级的光辉楷模，他是顶天立地的民族英雄。一种精神，让一个民族充满拼搏的力量；一种精神，助一个国家迈向辉煌的时代。历史的车轮滚滚前行，但他的名字和他体现的“铁人精神”必将拥有永不磨灭的价值和世代传承的活力。

川藏邮使——王顺友

诚厚叹邮夫，鸿飞苦驿途。

霜玲归晚月，山路影形孤。

传报街邻笑，往来长短呼。

辛劳乐所见，坚守任付出。

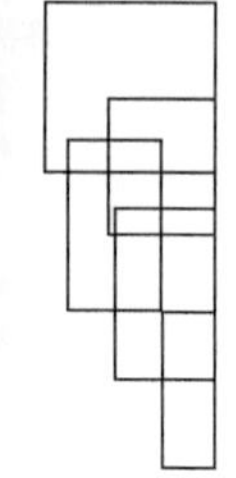

王顺友小传

王顺友，男，苗族，1965年出生，中国共产党党员。1984年，年仅19岁的王顺友从当乡邮员的老父亲手里接过了马缰绳，子承父业，成为四川省凉山彝族自治州木里藏族自治县一名普通的马班邮路乡邮员。

四川木里藏族自治县地处青藏高原东南缘，这里高山绵延起伏，全县海拔在5 000米以上的大山有20多座，平均海拔3 100米，生活和工作条件十分艰苦。1999年，王顺友开始负责县城至三个乡的邮件投递工作，这条邮路往返需要360千米，他每月两个邮班，一个邮班来回14天，他每月有28天要徒步跋涉在这苍茫大山中的邮路上。20多年来，他一个人按班准时地把一封封信件、一本本杂志、一张张报纸准确无误地送到每个用户手中。这些年，他在雪域高原跋涉了26万千米、相当于走了21趟二万五千里长征、绕地球赤道6圈的距离，每年投递报纸8 000多份、杂志700多份、函件1500多份、包裹600多件，投递准确率达到100%。

王顺友先后被授予“全国邮政劳动模范”“全国劳动模范”等荣誉称号。

【事迹感悟】

不惧苦，他跋山涉水，与骡马为伍；不喊累，他顶风冒雨，同星月相伴。他用坚韧的毅力和不倦的身躯，为乡亲与外界搭建起相通的桥梁。他传递的不仅仅是书报包裹，更是一种共产党人为群众无私奉献的精神。这种精神如一首乡歌，悠荡着温暖真诚的旋律；这种精神像一座灯塔，照亮了山中百姓的心房。

草鞋书记——邓平寿

草鞋书记重三农，实干真抓在基层。

耕种养殖尽特色，聚财支柱并农工。

产值翻倍冠全域，水电路桥先五通。

夙夜在公生死已，为官两袖荡清风。

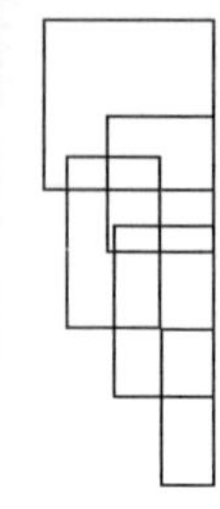

邓平寿小传

邓平寿（1955—2007），男，汉族，重庆市梁平县人，中国共产党党员。原重庆市梁平县虎城镇党委书记，被老百姓亲切地称为“泥脚书记”“草鞋书记”“田坎书记”。

邓平寿喜欢下乡，除了镇上开会和赶场，他都要往乡里跑，不坐车，用脚走，走一路，看一路，问一路，记一路。虎城的老百姓都说他没架子，给他编了一个“四子歌谣”：不坐车子，不戴（草）帽子，不摇扇子，手上有块汗帕子。虎城镇是重庆市梁平县的一个偏远农业大镇，柚子和蚕桑一直是虎城镇的传统农业项目。邓平寿响亮地提出“要好一条龙，壮大一根虫”的发展思路，大力发展虎蜜柚，栽桑养蚕，实现了项目增收。2002年，虎城第一条村组级水泥路——上丰村二组公路修建成功。此后，在邓平寿的带领下，虎城镇通过典型引路等方式，掀起了大办交通的热潮，一条条村组公路相继修建和硬化。

2007年1月14日，正在桑田里奔波的邓平寿突然腹痛，全身乏力，被送进医院。2月1日凌晨，身患急性坏死性胰腺炎的邓平寿经抢救无效，离开了人世，当时他还差3天满51岁。噩耗传出，上万名村民自发赶来，伫立在雨中为邓平寿送行。他被重庆市委追授为“优秀共产党员”。

【事迹悟语】

扎根于基层，服务于群众，献身于事业。党的好儿女，人民的好干部，他的离去，让一座城潸然泪下。他用泥泞踏实的双脚为贫困的群众开拓了致富之路，他用一心为民的精神让自己的人生绽放了夺目光芒。

当代产业技术工人的突出代表——邓建军

逐潮纵壮怀，奋志自成才。

革创波澜起，难题锁钥开。

研发新系统，填补大空白。

产业名国际，筹谋向未来。

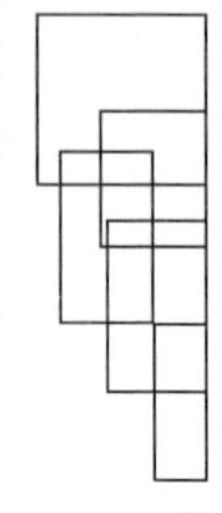

邓建军小传

邓建军，男，汉族，1969年出生，江苏省常州市人，中国共产党党员。江苏常州黑牡丹（集团）股份有限公司技术总监。他冲击纺织机械领域世界难题的技术创新之举，被外国专家叹服为“中国功夫”。

1988年，19岁的邓建军中专毕业后，被分配到常州黑牡丹公司做电工，刻苦攻读相关技术书籍，研究资料。执着的学习态度和踏实肯干的精神，使他的业务能力大大提高。他敢于创新，用数控机床和电路板创造了牛仔布生产预缩工艺的行业最高标准，牛仔布的预缩率精度控制在2.5%以内，优于3%的国际标准。他研制的“颜料组份分析计算机控制系统”填补了世界空白。参加工作20多年来，他共解决企业重大技术难题23项，参与技改项目近500项，独立完成150项，其中仅染浆联合机——车速改造技术一项就创造了经济效益3 000多万元。

邓建军是中共十七大、十八大代表，荣获“全国五一劳动奖章”“全国青年岗位能手”“全国职工职业道德建设十佳标兵”“江苏省优秀共产党员标兵”等称号。

【事迹悟语】

求真求精的研究态度，创新创造的进取精神，塑成了中国当代知识产业工人的典范。“无论是狮子还是羚羊，当太阳升起时，你要做的，都是奔跑”。探索者的步伐，在奔向成功的道路过程中，永不停歇。

两弹元勋——邓稼先

核爆倾天柱，九霄环卫星。

攻坚涉险阻，神器助强兵。

思虑筹规划，俯仰淡功名。

心系兴国梦，劬劳捧赤诚。

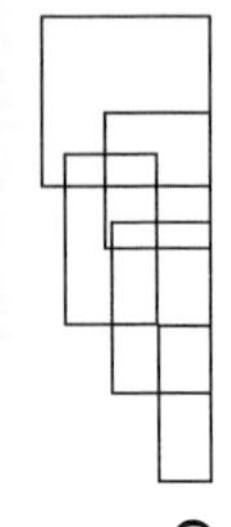

邓稼先小传

邓稼先（1924—1986），男，汉族，安徽省怀宁县人，中国共产党党员，九三学社社员，中国科学院院士，著名核物理学家，中国核武器研制工作的开拓者和奠基者。

邓稼先自 1958 年开始就组织、领导开展爆轰物理、流体力学、状态方程、中子输运等基础理论研究，对原子弹的物理过程进行了大量模拟计算和分析，从而迈开了中国独立研究设计核武器的第一步。他领导完成了中国第一颗原子弹的理论方案，并参与指导核试验前的爆轰模拟试验。1964 年 10 月，中国成功爆炸的第一颗原子弹，就是由他签字并确定了设计方案。他还率领研究人员在试验后迅速进入爆炸现场采样，以证实效果。原子弹试验成功后，他立即组织力量探索氢弹设计原理、选定技术途径，组织、领导并亲自参与 1967 年中国第一颗氢弹的研制和试验工作。不幸的是，邓稼先由于在实验中，受到核辐射，身患直肠癌，于 1986 年 7 月 29 日在北京不幸逝世，终年 62 岁。

邓稼先是中国科学院学部委员，获国家自然科学奖一等奖，国家科技进步奖特等奖，被授予“全国劳动模范”等荣誉称号。1999 年，中共中央、国务院、中央军委追授邓稼先“两弹一星”功勋奖章。

【事迹悟语】

胸怀事业，无怨无悔潜心研究；心系祖国，艰苦卓绝披荆斩棘。把自己的身体置于危险之中，将国家的前途引向辉煌之路。“两弹一星”，以默默无闻的姿态奉献于关乎祖国安危的崇高事业，用硕果累累的优异成绩向祖国交出了一份满意的答卷。

播撒爱的使者——丛 飞

天籁彻魂魄，斯人表致公。

高风宁万苦，巨款助残童。

奔走趣慈善，繁忙乐义工。

英魂伤早逝，遗爱惠苍生。

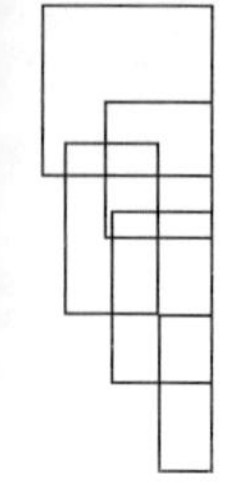

丛飞小传

丛飞（1969—2006），原名张崇，男，汉族，辽宁省盘锦市人，深圳著名男歌手。

丛飞是一位充满爱心的业余歌手。他虽为深圳义工联艺术团团长，但从未领过一分钱工资，他的主要收入都来源于商业演出。据丛飞身边的朋友们讲，他常常是收到一笔演出费后，马上就寄给贫困地区的孩子，要不就是给了残疾人和孤儿，自己根本存不下钱，经济状况也因此时常捉襟见肘。11 年来，丛飞作为一名普通的歌手，致力于社会公益事业，义演 300 多场，将主要收入捐给很多贫困的失学儿童和残疾儿童，义工服务超过 6 000 小时，先后资助贵州、湖南、四川等贫困山区的贫困儿童 183 名，无私捐助失学儿童和残疾人超过 150 人，认养孤儿 37 人，捐助金额超过 300 万元。

2006 年 4 月 20 日，丛飞因患晚期胃癌，不幸逝世，年仅 37 岁。按丛飞的生前意愿，家人将丛飞的眼角膜捐献出来，使 5 名眼疾患者受益。他被授予“全国道德模范”荣誉称号。

【事迹悟语】

当代青年的道德模范，用大爱无痕的奉献精神，让贫困残疾儿童的童年变得五彩斑斓。他用朴实动人的歌声唱出了高尚悠扬的优美旋律，他用自己完美的品格奏响了人生的华彩乐章。生命有结束的那一刻，而留下的精神却永不消逝，这精神如春风化雨，润泽大地，洒满人间！

自强不息的“工人教授”——包起帆

绝技领军人，物流抓斗王。

无隙新概念，货畅浦江旁。

引领书标准，探囊夺大奖。

名扬海内外，功毕倚图强。

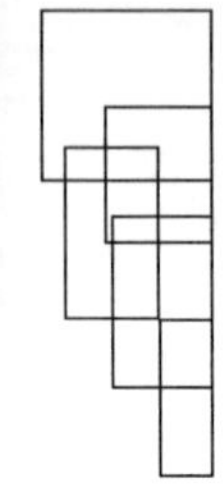

包起帆小传

包起帆，男，汉族，1951 年出生，浙江省镇海市人，中国共产党党员。现任上海国际港务（集团）股份有限公司副总裁。

20 世纪 80 年代，包起帆结合港口生产实际，开展新型抓斗工艺系统的研发，创造性地解决了一批关键技术难题，被誉为“抓斗大王”。进入新世纪，他又领军发明了在国际上被誉为“人类运输方式革命”的集装箱电子标签系统。他提出并在世界上首次实现了公共码头与大型钢铁企业间无缝隙物流配送新模式。2006 年 6 月，在巴黎举行的国际发明博览会上，包起帆荣获四项金奖，在博览会 105 年的历史上，他是同时获得 4 项金奖的第一人。当会议的报告介绍到这里时，台下响起了长时间如雷般的掌声。20 多年来，他与同事们共同完成了 120 多项技术创新项目。他开辟了我国首条内贸标准集装箱航线，从零起步，使全国港口内贸集装箱年吞吐量突破 1600 万标准箱，其创新举措引发了中国内贸水运工艺的重大变革，成为同行公认的开拓者。

包起帆被授予“全国优秀共产党员”“全国劳动模范”“全国道德模范”等荣誉称号。

【事迹悟语】

孜孜不倦，用智慧的汗水凝成创新的果实；满怀激情，为航运的历史翻开崭新的篇章。行业变革的引领者，技术创造的排头兵，让世界的目光为他凝聚，充满敬意；让世界的掌声为他响起，经久不息。

富强　民主

文明　和谐

祝福

身残志坚的钢铁战士——史光柱

戎马戍边关，当敌勇向前。

擎天任九死，慑阵啸群山。

铁骨英雄气，残身意志坚。

奋发思保尔，豪壮铸华篇。

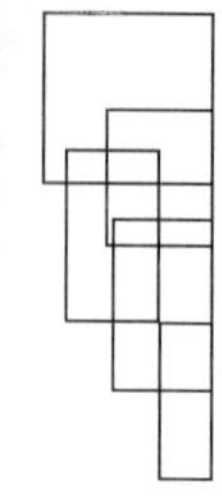

史光柱小传

史光柱，男，汉族，1963年出生，云南省曲靖市人，中国共产党党员。他先后荣立一等功1次，二等功2次，三等功2次。

1984年4月28日凌晨，在边境作战中，史光柱在4次负伤、8处重伤、双目失明的情况下，带领全排收复了两个高地，胜利完成了战斗任务。在生活中，史光柱依靠顽强的毅力，克服了常人难以想象的困难，学会了盲文。1986年，史光柱进入深圳大学中文系，学习汉语言文学专业，读完了深圳大学本科学业，成为我国第一个获得学士学位的盲人。在和平年代，史光柱坚持文学创作，发表了大量诗歌、散文，出版了《眼睛》《黑色的河流》等6部诗文集，在国内外各种刊物发表诗歌散文540多篇，17次获国家级文学奖，被誉为中国的“保尔·柯察金”。20多年来，史光柱一边搞创作，一边到全国各地演讲，激励和鼓舞着一代又一代青年，弘扬了以“艰苦奋斗、无私奉献”为核心的“老山精神”，促进了社会主义和谐社会建设，在和平环境中树立了一个军人的光辉形象。

史光柱被中央军委授予“战斗英雄”荣誉称号，获得“全国自强模范”荣誉称号。

【事迹悟语】

烽烟战场，他勇猛冲锋，无惧牺牲双眸，不忘军人使命；和平岁月，他悉心创作，散播精神力量，鼓励青年奋发。铁骨柔情的汉子用他的毅力和坚强，战胜了命运，成为生活的强者。从他失明的双目中，散射出了中国军人的顽强不屈！

优秀的农村基层工作带头人——史来贺

优秀基层领路人，真情奉献五十春。

潜心农事号强手，广辟财源慰众心。

无欲带出好党风，毕生成就新农村。

常言干部先一步，语重情长字字金。

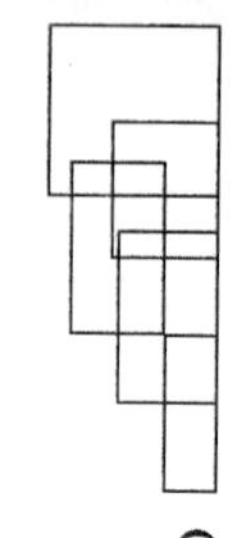

史来贺小传

史来贺(1930—2003),男,汉族,河南省新乡市刘庄村人,中国共产党党员,刘庄村原党委书记。

1952年12月,年仅21岁的史来贺当选为刘庄村党支部书记,挑起了带领全村人治穷致富的重担。从1953年开始,史来贺带领刘庄人用了整整20年,把刘庄周围700多块凹凸不平的“盐碱洼”“蛤蟆窝”荒地改造成了现代化农业园区。他潜心研究棉花种植经验,使皮棉平均亩产量达到当时全国平均产量的3倍,刘庄也因此一跃成为全国的先进典型。随后,史来贺带领刘庄人兴办起畜牧场,成为刘庄发展商品经济的突破口。为了让刘庄群众富起来,史来贺又向工业挺进,兴办起机械厂。接着,史来贺带领刘庄人又陆续建起了食品厂、造纸厂、淀粉厂等。十一届三中全会以后,史来贺带领群众向高科技领域进军,建起全国最大的生产肌苷的华星药厂,他带领刘庄形成了“以农促工、以工建农、农工商并举”的商品经济新格局。现在,刘庄有140多人被评为工程师、农艺师、会计师、技师和一级、二级技术员,一大批土生土长、具有现代工业生产和管理才能的优秀人才,在各个岗位上发挥着骨干作用。

史来贺是中共十三大至十六大代表,被授予“全国劳动模范”“全国优秀党务工作者”等荣誉称号。

【事迹悟语】

一寸地,一亩田,都烙印着他风雨无阻的足迹;一片瓦,一座房,都沁浸着他拼搏奋斗的汗水。一个人,呕心沥血,将基层干部的重担扛在肩膀;一颗心,无私奉献,让共产党员的精神闪耀人间。

舍生抗击“非典”的白衣战士——叶 欣

非典猖狂肆虐日，满城无处不惊魂。

白衣战士悬无畏，丑陋瘟神搦战频。

急诊重危精护理，临床周密比天伦。

扶伤救死长歌赋，伏虎人间哭丽人。

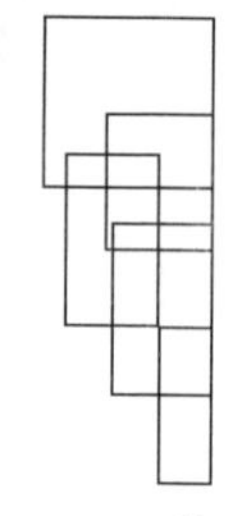

叶欣小传

叶欣（1956—2003），女，汉族，广东省徐闻县人，中国共产党党员。

1956 年 7 月 9 日，叶欣出生于广东省湛江市徐闻县一个医学世家。1976 年从广东省中医院特训队毕业时，因成绩优异被中医院留下工作。1983 年，叶欣被提升为广东省中医院急诊科护士长。在急诊科 20 多年的工作中，叶欣总是一马当先，冲锋在前。对于家境贫寒的病人，她主动出钱为病人买药物。广东省中医院二沙分院刚建立时，叶欣主动请缨，提出到二沙急诊科担任护士长，负责繁重的护理组建工作。2003 春节前后，非典型肺炎开始在广州一些地区流行。2 月上旬刚过，广东省中医院二沙急诊科就开始收治确诊或疑为“非典”的病人，最多时一天 5 人。面对增加了两倍的工作量，叶欣周密筹划、冷静部署，重新调班时，安排了加强班。随着“非典”患者的急剧增多，广东省中医院当机立断，紧急抽调二沙分院急诊科部分护士增援位于市中心的院本部，二沙急诊科护士力量出现了明显的不足。叶欣身先士卒，从 2003 年 2 月 8 日便开始加班。2003 年 3 月 4 日上午，叶欣被确诊染上了非典型肺炎，2003 年 3 月 25 日凌晨，就在叶欣最后所抢救的、也是传染给她“非典”的那位患者健康出院后不到一个星期，叶欣永远离开了她所热爱的岗位、战友和亲人，享年 47 岁。

叶欣被追授为“全国优秀共产党员”“革命烈士”，荣获“白求恩奖章”“南丁格尔奖章”。

【事迹悟语】

把危险留给自己，将健康献于他人。爱岗敬业，忠于职责。在那场凶猛肆虐、令人惶恐的无声战役中，她由凡人化身为天使，用心灵写下了感天动地的壮美诗篇，用生命诠释了南丁格尔的名言：“在可怕的疾病和死亡中，我看到了人性神圣英勇的升华。”

拼搏奉献，忠于操守的新闻人——甘远志

新闻论适时，敬业恃良知。

热点映民生，访谈释惑疑。

艰难万里道，辛苦数年积。

秉笔书胸臆，高擎一面旗。

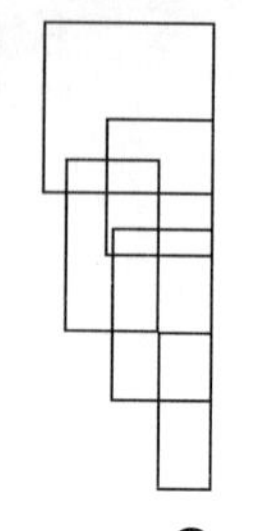

甘远志小传

甘远志（1965—2004），男，汉族，四川省广安县人，中国共产党党员，生前系海南日报社经济部主任记者。

1994 年秋天，海南建省办经济特区，甘远志调往《新世纪》周刊工作，共发表了 100 多篇有影响的报道。2001 年上半年，《新世纪》周刊准备转给一家企业主办，甘远志面临着一次人生的命运抉择。一家知名杂志社和一家大公司都表示可以提供优厚的待遇和不错的职位供他选择，但甘远志却放弃了这两个职位，最终选择了应聘海南日报记者的岗位。海南日报社原本安排甘远志在评论部当编辑，他却执意要求去海南岛的东方市当驻站记者，了解省情、民情，两年后才回到报社经济编辑部工作。洪水滔滔时，他在抗洪前线；非典肆虐时，他在药业生产第一线。以前少有记者问津的部门，却被他跑成“热门”，别的记者不愿跑的部门，成了他报道中最活跃的领域。

甘远志在海南日报社工作了 1 095 天，却发表了 1 051 篇稿件，平均每天 1 篇。2004 年 9 月 4 日，甘远志在一次采访途中，突发心脏病不幸逝世，年仅 39 岁。

【事迹悟语】

从迈入新闻现场的第一步，至短暂人生的最后一刻，一个新闻人的身影始终奔波在求实求真的道路上。他将自己的一生贡献于中国新闻事业，他用脚踏实地、恪尽职守的敬业精神和刚正不阿、浩然正气的高尚品质，成为新时代中国新闻工作者的行业先锋。

造福桑梓的巾帼英雄——申纪兰

奋举半边天，打拼义率先。

蛮荒拓宝地，旧貌换新颜。

农牧工商游，乡村现代篇。

红旗永不倒，老骥犹争前。

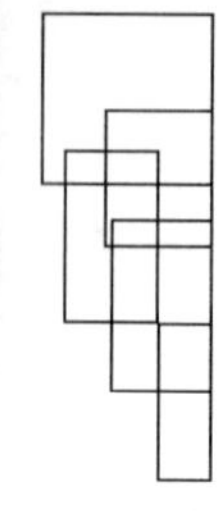

申纪兰小传

申纪兰，女，汉族，1932年出生，山西省平顺县人，中国共产党党员。她几十年如一日，带领乡亲们艰苦创业，把一个几乎不具备生存条件的旧西沟建设成一个农、林、牧、副、工、商全面发展的新西沟，成为全国农业战线的一面旗帜。

1952年春，申纪兰带头动员和组织妇女参加公社劳动，在一个封闭贫瘠的小山沟带领广大妇女开展劳动竞赛，争得了男女同工同酬的权利，在全国率先举起了男女同工同酬的大旗。50多年来，申纪兰始终坚持艰苦奋斗精神，带领西沟村人向穷山恶水宣战、向荒山秃岭进军，植树造林，打坝造地，先后在荒山上造林25 000亩，在干石河滩上筑坝7座、闸谷坊800余座，造地900亩，营造了一座座“绿色银行”，开发了一块块肥沃良田。改革开放以来，申纪兰完成了从农业劳模向现代企业家的角色转换。她上北京、下江南，争取资金、吸引人才、引进项目，先后建成了铁合金厂、饮料厂、石料厂、焦化厂，发展集住宿、餐饮、娱乐为一体的太原“西沟人家”以及山西纪兰商务公司等。在申纪兰的带领下，西沟村2008年实现总收入1.2亿元，利税1 000万元，农民人均纯收入达到3 858元，比1978年增长了近100倍。

申纪兰是全国第一届至第十一届全国人大代表，被授予“全国优秀共产党员”“全国劳动模范”等荣誉称号。

【事迹悟语】

艰苦奋斗，任劳任怨，不计得失，不图名利，她将一片贫瘠之地打造成富足之乡。荒山中滴落的汗水，田地间深陷的足迹，无不深深地留在乡亲们的心窝里。她用自己的勤奋和努力，勾勒出一幅基层干部无私奉献的感人画卷。

助人为乐，情系教育的热心老人——白方礼

登车赶署寒，挥汗蓄分文。

誓了助学梦，不怜老迈身。

程行积万里，款热济寒门，

大爱本无语，碑石自有痕。

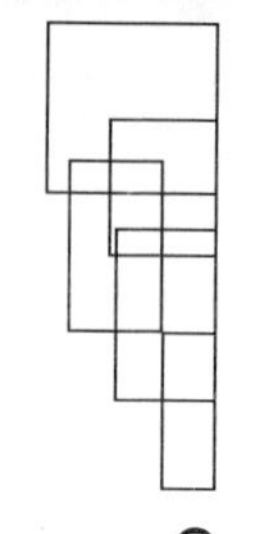

白方礼小传

白方礼（1913—2005），男，汉族，河北省沧州市人。

白方礼祖辈贫寒，13岁起就给人打短工，没念过书。1944年，他因贫困逃难到天津，流浪几年后当上了三轮车夫。1974年白方礼从天津市河北运输厂退休后，在一家油漆厂补差。1982年，白方礼开始从事个体三轮客运，每日早出晚归、辛劳奔波，攒下了一些钱。1987年，已经74岁的他决定做一件大事，那就是靠自己蹬三轮的收入帮助贫困的孩子实现上学的梦想。为了这份心愿，白方礼老人冒着严寒酷暑，洒下无数汗水，甚至曾在三轮车上昏倒过。在十多年的时间里，他先后捐款35万元，资助了300多个学生的学费与生活费，圆了孩子们求学的梦想。

2005年9月23日，白方礼老人因病去世，享年93岁。他被授予“全国关心下一代先进工作者”“全国职业守法先进个人”等荣誉称号。

【事迹悟语】

一辆人力车，行程万里，搭载着孩子们求学的希望；一位白发老人，真诚无怨，凝聚着中华儿女崇高的敬意。年轻时艰苦奋斗，让自己的孩子建功成才；年老时无私善举，将祖国的花朵躬身灌溉。他用那颗质朴而热忱的心，树立了一座世纪老人的不朽丰碑。

立警为公，执法为民的杰出代表——任长霞

匪盗闻心惊，警神勇且英。

侦察入虎穴，预审争头名。

走访万千户，肃勘真假情。

长街倾泪雨，功过人民评。

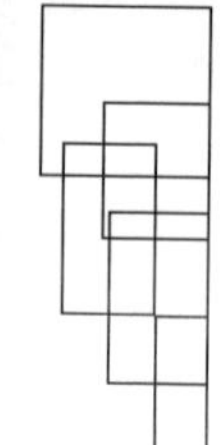

任长霞小传

任长霞(1964—2004),女,汉族,河南省商丘市睢县人,中国共产党党员。

任长霞自1983年加入公安队伍,做预审工作13年,在郑州公安系统、市政法战线及省预审岗位练兵大比武中均夺取过第一名,协助破获了大案要案1 072起,追捕犯罪嫌疑人950人。1998年被任命为郑州市局技侦支队长后,她多次深入虎穴,化装侦察,亲自抓获了中原第一盗窃高档轿车主犯,先后打掉了7个涉黑团伙,抓获犯罪嫌疑人370多名,被誉为“警界女神警”。2001年,她调任登封市公安局局长,始终把人民群众的疾苦和安危放在心上,解决了十多年来的控申积案,共查结控申案件230多起。她带领全局民警共破获各种刑事案件2 870多起,抓获犯罪嫌疑人3 200余人,有力地维护了登封市的社会治安和稳定的局面。

2004年4月14日,任长霞在侦破“1·30”案件过程中发生车祸,抢救无效因公殉职,终年40岁。她被授予“全国五一劳动奖章”“全国三八红旗手”“全国优秀人民警察”等荣誉称号。

【事迹悟语】

任劳任怨甘奉献,长霞映红九州天,护民为民与恶斗,情系国家心相连。在正气凛然的人民公仆眼里,国家的利益,百姓的安全,丝毫不容侵犯,在雷厉风行的英雄模范心中,罪犯的狡诈,死亡的威胁,难阻冲锋步伐。警界之花散发的馨香,永存人间。

爱憎分明的小英雄——刘文学

贫苦农家好少年，学优品厚代相传。

情融集体摒私念，乐在耕读律己严。

怎容窃盗损国体，何欺弱小惧奸顽。

临危英勇无他顾，奋死义播天地间。

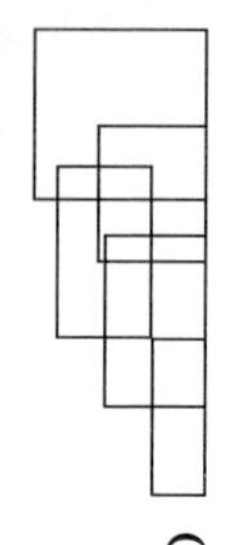

刘文学小传

刘文学（1945—1959），男，重庆市合川县人，少先队员。

刘文学出生于一个生活贫苦的农民家庭。1952年，刘文学进入双江村小学学习，他刻苦好学，先后担任小队长、中队长。1959年11月18日晚，刘文学帮助队里干活回来，发现地主分子王荣学偷摘集体的海椒，他当即大叫一声："老地主偷海椒啦！"并立即冲上前去阻止。王荣学见事情败露，想拿钱收买他，可丝毫没有动摇刘文学保护集体利益的决心。他不顾危险，与王荣学展开搏斗，终因年幼力薄，被王荣学活活掐死，年仅14岁。1959年11月21日，王荣学亲笔写下了坦白书，同年11月22日，合川县公安局发布逮捕证将其逮捕。1960年，合川县人民法院依法判处罪犯王荣学死刑，当场执行，犯罪凶手得到了法律制裁。1983年，刘文学被追认为"革命烈士"。

【事迹悟语】

见义勇为的少年英雄，为集体利益毫无惧色、奋勇斗争的崇高品质，即使相隔半个世纪，依然伴随着历史的脚步，被中华儿女牢牢铭记。这种精神，必将鼓舞着一代又一代的青少年，为了人民利益，为了祖国富强，茁壮成长，奋发前行！

勇拦惊马，舍身救人的伟大战士——刘英俊

军营任锻打，热血一腔丹。

好事日积累，家国常挂牵。

马惊生险象，神勇解危难。

情比泰山重，义同日月悬。

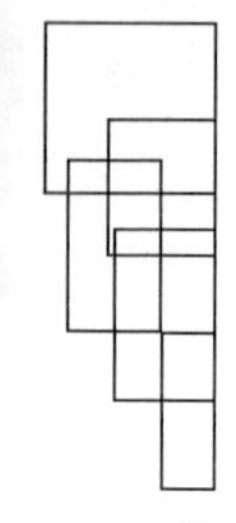

刘英俊小传

刘英俊（1945—1966），男，吉林省长春市人，解放军战士。1960年由东站小学毕业进入长春市十八中学读书，1962年加入中国人民解放军。

入伍后，他处处以雷锋为榜样，严格要求自己，自觉地为连队、为人民群众做好事，甘当无名英雄。他工作积极努力，甘于奉献，先后受到所在营、团6次奖励。1966年3月15日早晨，他和战友们驾着3辆马拉炮车外出训练，在佳木斯公共汽车站附近，炮车辕马受汽车喇叭声惊吓，突然向不远处的6名儿童冲去，孩子们的生命危在旦夕。在这千钧一发的时刻，刘英俊把缰绳在胳膊上缠了几道，猛力一拉，使惊马前蹄腾空而起，紧接着他不顾自己生命危险，手撑辕杆，从辕杆下面用双脚猛踩马的后腿，马突然倒下，车翻了，6名儿童安然脱险，他却被压在翻倒的车马底下，身负重伤。周边群众齐心把他抬送到附近的职工医院抢救，但最终由于伤势过重，抢救无效，刘英俊光荣牺牲。1966年，他被追认为中国共产党党员，并被追记一等功。

【事迹悟语】

生死关头，牺牲自己，身扛车轮马蹄，将孩子从死神手中拉回。一名普通战士坚定的信仰，一颗奉献心灵绽放的光芒，交织在一起，汇成了一首舍身忘我、可歌可泣的感人诗篇，人民朗朗传颂，精神万年流芳。

卓越的数学巨匠——华罗庚

贫苦半工读，穷究数理书。

方程求未解，伯乐识才殊。

定理名华氏，报国任付出。

补拙持奋励，箴铭验不俗。

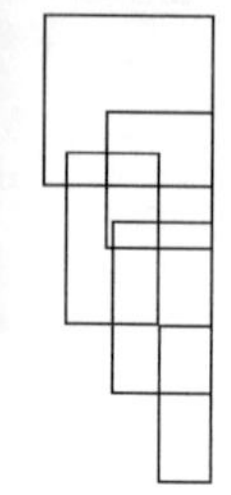

华罗庚小传

华罗庚(1910—1985),男,江苏省常州市人,中国共产党党员,民盟盟员,世界著名数学家,中国解析数论、矩阵几何学、典型群、自安函数论等多方面研究的创始人和开拓者。国际上有许多以华氏命名的数学科研成果。

华罗庚为中国数学的发展做出了无与伦比的贡献。他早年的研究领域是解析数论,国际上颇具盛名的“中国解析数论学派”就是华罗庚开创的学派,该学派对于质数分布问题与哥德巴赫猜想做出了许多重大贡献。华罗庚在多复变函数论、典型群方面的研究领先西方数学界10多年,这些研究成果被著名的华裔数学家丘成桐高度称赞。他还培养出了众多优秀青年,如王元、陈景润、万哲先、陆启铿、龚升等。

1985年6月12日下午,华罗庚在东京大学讲演结束时,病倒在讲坛上,当晚22时9分,他因患急性心肌梗死而逝世。华罗庚为中国数学发展做出了巨大贡献,被誉为“中国现代数学之父”“中国数学之神”。在国际范围内,他被列为“芝加哥科学技术博物馆中当今世界88位数学伟人之一”。他是中国科学院院士,美国科学院外籍院士,荣获国家自然科学奖一等奖,陈嘉庚物质科学奖。

【事迹悟语】

他把枯燥的数字看作跳动的音符,加以创作,形成优美的旋律;他将潜在的规律视为深埋的宝藏,不断挖掘,堆积知识的财富。对科学的追求钻研求真,为国家的建设鞠躬尽瘁,他的一生,成为中国科学事业发展史上的一段传奇。

蹈火殉职的女英雄——向秀丽

绚烂青春焕彩霞，人生有限爱无涯。

临危娇弱挡毒焰，浴火真金绽光华。

鸿羽泰山轻重判，苟全仗义云泥差。

娉婷秀美南国女，动地感天英雄花。

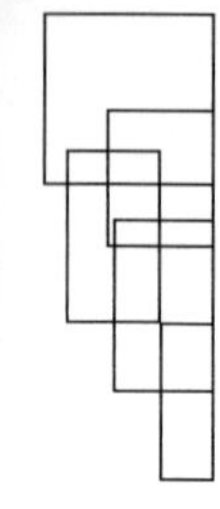

向秀丽小传

向秀丽（1933—1959），女，汉族，广东省清远市人，中国共产党党员。

向秀丽出生在一个贫困的工人家庭，12岁进火柴厂当童工。新中国成立后先后在广州市和平制药厂、何济公制药厂当工人。1958年12月31日晚，向秀丽和两个当班同事在工作的时候，一瓶无水酒精突然脱手下滑，瓶身破裂，酒精倒泻一地，向四周流去。因受附近制药用的正在燃烧的10个煤炉热辐射，酒精迅速燃烧起来。如不及时扑灭大火，燃烧将会引起不远处60多千克易燃易爆的金属钠爆炸，而一旦金属钠爆炸将引起整个厂区及附近居民区的重大火灾。危急关头，向秀丽突然用自己的身躯扑向燃烧的酒精，与烈火展开殊死搏斗，最终避免了一场恶性爆炸事故的发生。大火扑灭了，可向秀丽却严重烧伤，烧伤面积达67%，其中二、三度烧伤占65%，她在医院休克了三天三夜，醒来后的第一句话就是询问工厂的损失和同事们的安全情况。虽然医院竭力抢救，但向秀丽最后仍然因伤势过重而牺牲，终年26岁。广州市人民政府追认她为“革命烈士”。

【事迹悟语】

一位默默无闻的女工，为国家利益和群众生命，以柔软之躯，毅然决然冲向火海，毫无惧色。若没有那颗无私奉献的心灵，怎能在危难之际，做出实现生命价值的伟大选择；若没有那份矢志不渝的信仰，怎能让华夏儿女，唱出振奋民族精神的传世颂歌。

草原人民的好儿子——廷·巴特尔

独赞将门巴特尔，好汉平生爱草原。

誓改积贫图致富，精谋规划建家园。

增牛轮牧六畜旺，蓄水封沙草木鲜。

感喟三十弹指事，无边风景降人间。

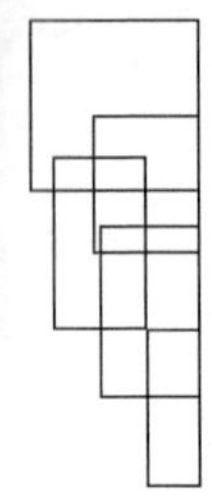

廷·巴特尔小传

廷·巴特尔，男，蒙古族，1955年出生，中国共产党党员。他是开国少将廷懋之子，现任内蒙古锡林郭勒盟阿巴嘎旗萨如拉图亚嘎查党支部书记。

1974年从呼和浩特来到萨如拉图亚嘎查插队，在草原上一干就是30多年。他所在的萨如拉图亚嘎查由于过度放牧、连年干旱，草场严重退化，牧民生活十分贫困。1993年他当选为萨如拉图亚嘎查党支部书记，决心带领群众共同致富。他首先在自家牧场实行围场轮牧，取得了明显的经济效益，得到了牧民群众的信任和支持。在他的带领下，全嘎查牧民都实行了“围栏轮牧”和“减羊增牛”的方式，既保护了生态环境，又改善了牧民生活。他带领牧民群众充分利用水资源，大力开发建设高产饲料基地，建成了全盟第一个沙地保护区，注册成立萨如拉牛业公司，投资230万元大力发展沙地旅游业，走出了一条保护生态、建设养畜的成功之路。

廷·巴特尔是中共十七大、十八大代表，被授予“全国优秀共产党员”等荣誉称号。

【事迹悟语】

离开城市的灯火，奔向草原的苍凉，呕心沥血，艰苦奋斗，数十年如一日。将门虎子，让黄沙大地焕发了勃勃生机，为牧民百姓创建了富裕家园。共产党员的奉献精神，伴着徐徐清风，拂过牧场，掠过翠林，吹进了人民群众的心怀。

名扬四海的工人“技术专家”——许振超

精深技艺叹绝伦，无响神钩震浦津。

效率八冠世界赛，平时四比作风新。

节能专注油和电，领队亲传技与心。

高唱人生歌一曲，风流天下问酬勤。

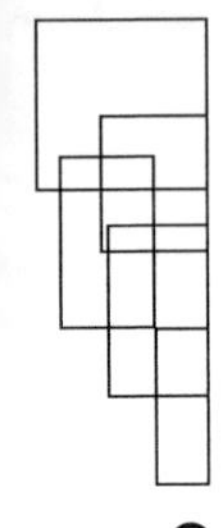

许振超小传

许振超，男，汉族，1950 年出生，山东省荣成市人，中国共产党党员。现任青岛港前湾集装箱码头有限公司工程技术部经理、全国总工会兼职副主席。

参加工作 30 多年来，许振超以“干就干一流，争就争第一”的精神，立足本职，务实创新，干一行，爱一行，精一行。他自学成才，苦练技术，练就了“一钩准”“一钩净”“无声响操作”等绝活，带出了“王啸飞燕”“显新穿针”“刘洋神绳”等一大批具有社会影响的工作品牌。他带领团队按照“泊位、船时、单机”三大效率的标准要求，深入开展比安全质量、比效率、比管理、比作风的“四比”活动，先后六次打破集装箱装卸世界纪录，“振超效率”令世人赞叹，“振超精神”名扬四海。

许振超是中共十七大、十八大代表，被授予“全国优秀共产党员”“全国劳动模范”等荣誉称号。2013 年当选为全国总工会兼职副主席。

【事迹悟语】

爱岗敬业的工作态度、拼搏奋发的顽强斗志、自强不息的进取精神、百折不挠的理想追求，将一个普通劳动工人造就成享誉世界的行业先锋。他用自己的卓越贡献点缀了社会主义现代化建设的宏伟蓝图。

老百姓的“主心骨”——达吾提·阿西木

地陷天塌日，担当自始终。

亡亲忍苦痛，率众抗峥嵘。

送暖慰千户，投身患几重。

誓出信验证，百姓乐繁荣。

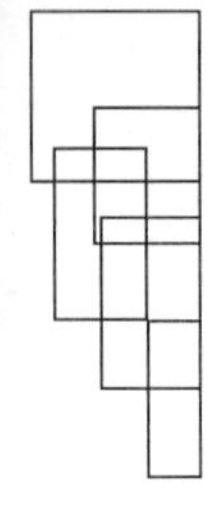

达吾提·阿西木小传

达吾提·阿西木，男，维吾尔族，1952年出生，新疆维吾尔自治区喀什市人，中国共产党党员。现任巴楚县琼库恰克乡吐格曼贝希村党支部书记。

2003年的巴楚县“2·24”大地震，吐格曼贝希村共有39人丧生，其中也包括达吾提·阿西木自己的5位亲人，他忍着巨大的悲痛，迅速组织和领导全村干部、村民投入到抗震救灾的战斗中。灾难过后，达吾提·阿西木又带领群众开荒造田，村里的耕地面积从4 000多亩增加到5 460亩，人均耕地面积扩大到3.76亩。在他的带领下，吐格曼贝希村成了全乡的养牛专业村，新建的100个蔬菜拱棚已见成效，西红柿、黄瓜等都陆续上市。2005年，全村人均收入由2002年的1 120元增至2 130元，牲畜存栏由2002年的1 806头（只）增加到2 908头（只），林果面积由2002年的400亩增加到1 400亩，集体经济收入由2.1万元猛增至35万元。

达吾提·阿西木是中共十七大、十八大代表，被授予“全国优秀共产党员”“全国劳动模范”等荣誉称号。

【事迹悟语】

灾难震得动房屋，却压不垮赤诚为民的脊梁；灾难能带走生命，却夺不去拼搏奉献的信念。将失去亲人的巨大悲恸，化为重建家园的强大动力。在突如其来的黑暗中，他用坚强的内心和无私的精神拨开了阴云，让挚爱的家乡重现彩虹。

影响时代的青年标兵——邢燕子

誓除旧面貌，志做新农民。

鼎鼎突击队，铿铿绝世音。

荒原丰物产，兴旺黜积贫。

时代册标兵，楷模励万心。

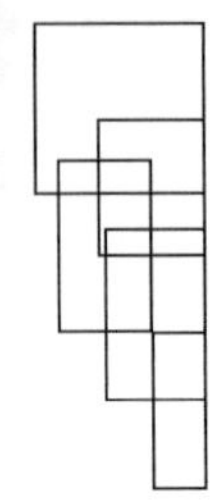

邢燕子小传

邢燕子，女，汉族，1941 年出生，天津市人，中国共产党党员。

1958 年，17 岁的邢燕子初中毕业。她没有回到父母所在的天津市区，而是积极响应党的号召，满怀改变家乡落后面貌、做祖国第一代有文化农民的豪情壮志，来到当时的宝坻县司家庄村。司家庄村是个缺少劳力的穷村，村里的壮劳力去外地支援建设，剩下的大多是老人、妇女和儿童。在村里，像牛这样的牲畜是极稀罕的资源，犁地都是人工完成。在那里，她和农民打成一片，每天与乡亲们一起去插秧苗、种高粱。当时提倡解放妇女劳动力，邢燕子先是组织成立幼儿园，让 20 多个青壮年妇女腾出时间下农田。后来又带领女团员，组成了“燕子突击队”。冬季，她带着突击队员砸开三尺厚的冰结网打鱼，晚上打苇帘子，3 个月就给村里挣了 3 600 多元，种植了 430 亩高产麦。她经历了艰苦生活的考验，数年如一日地忘我劳动，为农村社会主义建设事业做出了突出成绩，成为我国农村经济最困难时期“发奋图强，扎根农村，大办农业”的青年典型。

邢燕子是中共九大至十三大代表，第三届全国人大代表。

【事迹悟语】

面对条件优越的深造机会，她选择了放弃；看到家乡落后的贫困面貌，她选择了留守。扎根基层，服务群众，无私奉献，不图名利。人如其名，翩翩起舞的飞燕，为祖国建设和人民利益带来了明媚的春天。

航空发动机之父——吴大观

喷烟吐火啸神鹰，万里云天任掣风。

利器慑敌肝胆裂，雄师奋志巨龙腾。

繁难极限耽思虑，精密尖端亲玉成。

情系苍茫无怨悔，丹心铁血沥平生。

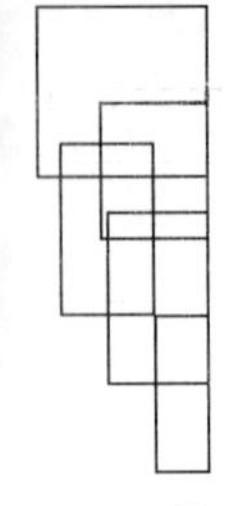

吴大观小传

吴大观（1916—2009），男，汉族，江苏省镇江市人，中国共产党党员，著名航空发动机专家。

1937 年至 1942 年，吴大观在其表哥的资助下，在长沙临时大学（后更名西南联合大学）航空系和机械系学习深造，后又到美国莱康明发动机厂和惠普公司实习。1947 年，他拒绝了美国公司的邀请，毅然决定回到祖国。1949 年 11 月，他任新中国重工业部航空筹备组组长，参与了新中国航空工业的筹建工作。吴大观一生致力于符合我国国情的新型航空发动机研制方法和程序的研究，主持研制多种型号的发动机，并培养了几代专业人才。他为我国航空发动机的设计研制和促进我国航空工业的发展做出了重要贡献，被誉为“中国航空发动机之父”。

2009 年 3 月 18 日，吴大观因病去世，享年 93 岁。他被追授为“全国优秀共产党员”荣誉称号。

【事迹悟语】

给飞机的翱翔注入创新的动力，为祖国的腾飞留下辛勤的血汗。一个人的成功，源于对科学研究的艰苦探索；一个人的理想，来自为国家建设的殚精竭虑。中国航空发动机制造的奠基者和领路人，他将自己的名字深深地印进中国社会主义现代化建设的史册中。

缔造“天下第一村”的优秀带头人——吴仁宝

奉公基秉义，心聚泰山移。

村镇名千万，神州誉第一。

吾人乐付出，百姓庆丰余。

爱党爱华西，爱亲爱自己。

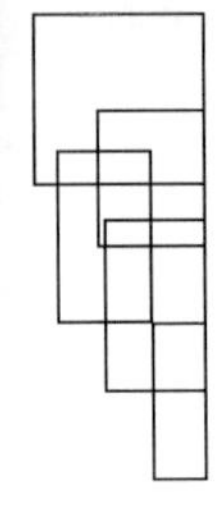

吴仁宝小传

吴仁宝（1928—2013），男，汉族，1928年出生，江西省无锡市人，中国共产党党员。华西村原党委书记。

吴仁宝从20世纪60年代起就带领广大村民开办乡镇企业。改革开放之后，他大刀阔斧地进行了推进农村综合改革建设，推进企业合作制等制度创新，调整经济结构，注重全面发展。他还注重生态环境建设，注重提高全村的精神文化水平，开展“爱党爱国爱华西，爱亲爱友爱自己”的“六爱”教育。

2008年，面对美国次贷危机引发的全球金融“海啸”，吴仁宝审时度势、超前预测，及时提出了“只出不进、少进多出”的应对措施，不仅使华西村没有受到金融危机的影响，反而取得了较好的发展。2008年，华西村实现销售收入超过500亿元。他靠拼搏奉献、艰苦奋斗的精神，与全村人一道，共同把今天的华西村建设成为名副其实的“天下第一村”。

2013年3月18日，吴仁宝因肺癌医治无效，在家中病逝，享年85岁。他是中国十七大代表，被授予“全国劳动模范”等荣誉称号。

【事迹悟语】

有一种付出，是绿叶对红花的映衬；有一种真情，是根须对枝干的给予；有一种贡献，是细雨对草原的浇灌；有一种精神，是蜡烛对自己的燃烧。令家乡致富，让群众幸福，辉煌天下第一，事迹感动九州。一个村庄，因为一个人的到来，诞生了一个神话。

为民分忧解难的好干部——吴天祥

为党分忧愁，频年历政勤。

思关天下事，情系万民心。

诚恳基公信，无私有致亲。

春来风化雨，苍翠满芳林。

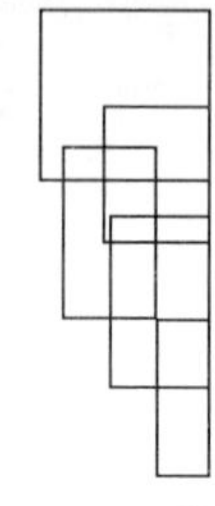

吴天祥小传

吴天祥，男，汉族，1944 年出生，湖北省钟祥市人，中国共产党党员。

1990 年 11 月，46 岁的吴天祥成为了武汉市武昌区信访办副主任。数年间，他接待上访群众万余次，处理问题近万个，积极为贫困户解难，深受人民群众的拥护和爱戴。他用真情和爱心感化服刑人员，倾其所有救济困难的下岗职工。他把女儿用来结婚的新房让给困难户住；卖掉父母遗留的房产，抵押贷款帮助特困人员创业。为了疏通公厕管道，他跳进窨井；25 次义务献血共 7 000 毫升，捐骨髓捐钱物帮助他人；4 次跳入长江救人。20 多年来，他先后照顾过 26 位孤寡老人、6 名孤儿，结下了 300 多个“穷亲戚”。每年春节，他还把孤老、孤残儿接到家里吃年饭。有的孤寡老人去世后，他以儿子的身份为老人送终。他把家里的电话向社会公布，便于遇到困难的群众及时求助。他坚持每天早上 6 点半钟上班，接待来访群众，先后接待上访群众 2 万余人次。节假日他很少休息，经常深入困难群众的家中体察民情，并将群众反映的困难和疾苦向有关部门反馈，督促尽快解决。在他的影响下，湖北省成立了 1 万多个“吴天祥小组”，成为全省精神文明建设的重要品牌。

吴天祥是中共十七大、十八大代表，先后被评为“全国优秀共产党员”“全国先进工作者”“全国学雷锋先进个人”等荣誉称号。

【事迹悟语】

面对工作，无怨无悔，矢志不渝；面对群众，不图索取，全心全意；面对祖国，忠心耿耿，无私奉献。一个勤恳的人，一颗赤诚的心，用实际行动架起了连接党和群众的爱心桥梁。他将共产党员的奉献精神在鱼米之乡播种，令九州华夏丰收。

乡镇党委书记的榜样——吴金印

穷乡僻壤影行藏，沐雨栉风冬夏忙。

植树兴农办企厂，开山筑坝架桥梁。

关心群众同甘苦，忘我拼搏建富康。

有口皆碑好榜样，无私奉献在一方。

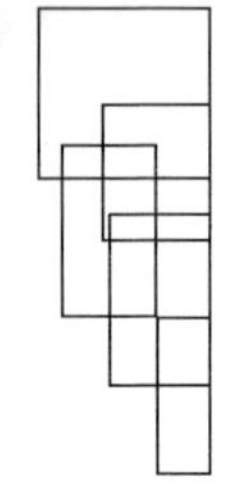

吴金印小传

吴金印，男，汉族，1942 年出生，河南省新乡市人，中国共产党党员。新乡市人大常委会副主任兼卫辉市唐庄镇党委书记。

吴金印主动放弃组织调他到上级工作的机会，扎根基层，与群众打成一片，同甘共苦，在平凡的岗位上做出了非凡的贡献。在卫辉市狮豹头公社工作 10 多年间，他在群众家住了 7 年，在治水工地住了 8 年，带领群众打通 6 个山洞，筑起 85 道大坝，建起 25 座水库和蓄水池，架起 8 座公路大桥，营造良田 2 400 亩，植树 20 多万株，使一穷二白的山区发生了巨大变化。1987 年，吴金印调任唐庄乡党委书记，带领群众建起万亩林果园、万亩蔬菜田，兴办了无氧铜杆厂、电工厂、水泥厂等企业。2008 年唐庄乡实现工业固定资产投资 3.7 亿元，工农业总产值 10.65 亿元，一般预算收入 3 810 万元，农民人均纯收入达到 4 760 元，他被誉为“乡镇党委书记的榜样”。

吴金印是中共十五大、十六大代表，第十届全国政协委员。

【事迹悟语】

往返于山洞堤坝，何惧严寒酷暑；穿梭于果林田园，任凭汗如雨下。愚公移山般的坚定和执着，为群众开凿了通往富裕生活的宽阔大道。基层干部的挺拔身躯，如苍松青柏，傲然矗立。

爱满天山的“白衣圣人”——吴登云

马背度春秋，行医捧热忱。

巡回走牧场，探诊过千门。

输血救急患，割皮植病身。

口碑传万里，彪炳暗红尘。

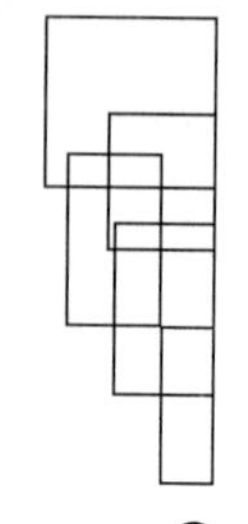

吴登云小传

吴登云，男，汉族，1939 年出生，江苏省高邮市人，中国共产党党员。

吴登云从江苏水乡来到新疆维吾尔自治区乌恰县，带着对边疆各族人民的深厚感情，刻苦学习，救死扶伤，无私奉献，几十年来为病人无偿献血 7 000 余毫升。为抢救危重烧伤患儿，他从自己身上取下 13 块皮肤为患儿植皮。50 多年来，他挽救了无数少数民族病人的生命，把自己的全部心血和爱献给了乌恰人民，成为备受各族人民爱戴的优秀医生。他以一名共产党员的高度责任感和模范行动，为民族团结、为解决民族地区缺医少药问题，做出了突出贡献，在医德、医风、医术方面树立了光辉榜样。2001 年，从医院院长的岗位退下来后，除继续在医院参加危重病人的会诊外，他对医院发展仍然十分关心，积极帮助医院培养人才，争取资金 300 万元，新建了病房和门诊楼，改善了医疗设备。他先后赴江苏、北京、上海、江西、广东、湖南、浙江、安徽、四川、重庆等多个省市做报告，受到社会高度好评。

吴登云是中共十六大、十七大代表，荣获“全国五一劳动奖章”和“白求恩奖章”。

【事迹悟语】

条件的恶劣，停不下服务于祖国边陲的铿锵脚步；割肤的痛楚，阻不了奉献于救死扶伤的赤诚之心。他是祖国医疗事业的典型代表，他是边疆百姓生命的有力保障。他像摇曳在寒风中的雪莲，没有牡丹富丽华贵，没有兰花典雅清秀，却默默地坚持着纯洁质朴，守护着它相随一生的那片天山。

模范法官——宋鱼水

理析疑案情，轻重自分明。

司法持公正，忧国虑慎行。

平安倚稳定，繁盛寓中兴。

兢兢唯铁面，耿耿本柔情。

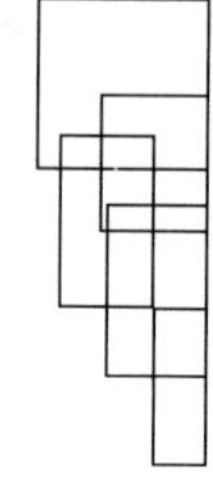

宋鱼水小传

宋鱼水，女，汉族，1966年出生，山东省蓬莱市人，中国共产党党员。现任北京市第三人民法院副院长。

宋鱼水对人民群众怀有深厚感情，对审判事业有着执着追求。独立办案十余年来，她公正高效地审理了各类民商事案件1700余件，其中500余件属于疑难、复杂、新类型案件，均取得了良好的社会效果和法律效果。宋鱼水经手的案件，有70%能够以调解方式结案，她认为调解符合中国国情，契合中国人“以和为贵”的理念，有利于彻底解决纠纷，取得“双赢”效果。宋鱼水将学到的知识和先进司法理念与审判实践紧密结合，注重从改革、发展、稳定的大局考虑案件的处理；她始终把维护社会正义、实现公正高效作为自己最大的人生追求；她确立了“准确把握公正尺度，尽量引导当事人用信任的方式解决纠纷”的办案思路；她充分利用司法手段，高效审结案件，最大限度维护企业利益；她创新适用法律，平等保护企业的合法权益，促进法律与社会行为规范的整体互动，推动企业在法制轨道上健康运行。

宋鱼水是中共十七大、十八大代表，被授予“全国优秀共产党员”“全国劳动模范”“全国三八红旗手”等荣誉称号。

【事迹悟语】

冤屈在她面前得以正义伸张，误会在她面前得以调和化解，案情在她面前得到公正审判，群众在她面前得到真情抚慰。手持公平的仗剑，维护正义，肩扛祖国的重托，为民谋福。党的好女儿，用信仰和行动履行着祖国赋予她的神圣职责，肩负着维护社会法治的崇高使命。

富于理想，勇于献身的优秀大学生——张 华

天之骄子梦，花放灿云霞。

悬义救危急，痛心逝玉华。

芸芸价值论，戚戚你我他。

取舍判云泥，铿锵了问答。

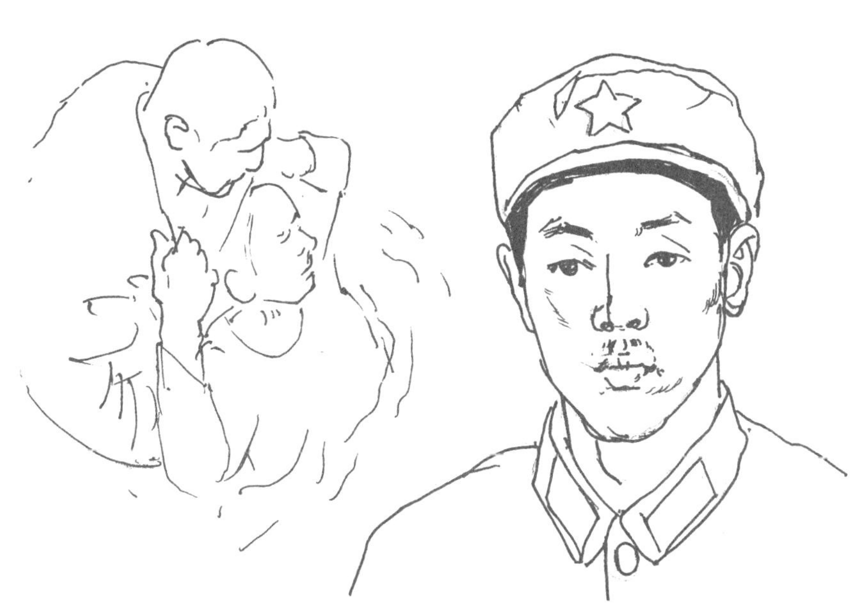

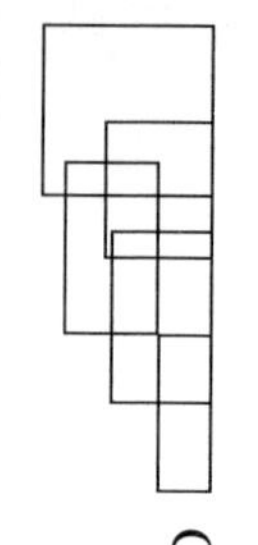

张华小传

张华（1958-1982），男，汉族，黑龙江省虎林市人，中国共产党党员。生前系西安解放军第四军医大学学生。

张华在小学、中学时，品学兼优，连年被评为“三好学生”。1977 年参加中国人民解放军后，又先后多次受到奖励，成为岗位练兵标兵。两年后，张华加入中国共产党，同年以沈阳军区空军系统第一名的成绩，考取了第四军医大学空军医学系。1982 年 7 月 11 日，在西安新筑乡一个旧厕所后边，69 岁的淘粪老汉魏志德在三米多深的化粪池里工作时，被有毒沼气熏倒，跌入粪池。张华恰好路过此处，看到这一情形，他没有丝毫犹豫，奋力跳进粪池，竭尽全力抢救老大爷。不幸的是，他也被浓烈的沼气熏倒，因严重中毒窒息，抢救无效，光荣牺牲，年仅 24 岁。张华所在的学员大队被中央军委授予“模范学员大队”称号，张华被追记一等功，被追授为“革命烈士”。

【事迹悟语】

伟大的举动被世人铭记，英勇的精神被代代相传。共和国的骄子，以热血铁骨、青春之躯，诠释了青年志士舍身忘己，敢于牺牲的崇高精神。短暂的生命之花，绽放出夺目的绚烂，永不黯淡。

人民满意的优秀公务员——张云泉

为官清正体国忧，百姓繁难列案头。

索验情由问街巷，访察巨细经春秋。

待人谦厚唯诚信，律已高标明弃留。

磊落淡泊尚本色，鞠躬俯首为民谋。

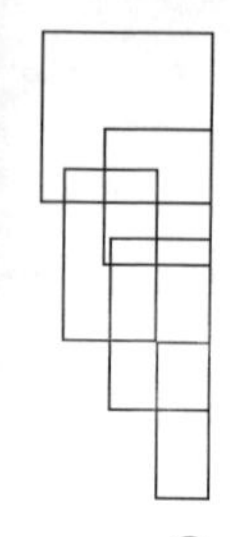

张云泉小传

张云泉，男，汉族，1968年出生，江苏省南通市人，中国共产党党员。

从事信访工作30多年来，张云泉始终牢记全心全意为人民服务的宗旨，自觉实践“三个代表”重要思想，真心诚意为民解难、为党分忧，平均每年接待上访群众2 000多人次，处理人民来信2 000多封，接听来访电话几千次。张云泉常年奔走于大街小巷、边远乡村，千方百计为群众排忧解难，他讲得最多的就是“有话跟我说”“我来帮助你”。在许多矛盾激烈的突发事件面前，张云泉总是挺身而出，不顾安危，面对个别情绪失控的群众，耐心讲解，平息事态。长期工作以来，他身上留下了不少伤痕，左手拇指受伤至今不能灵活弯曲，左眼因被误打，视力从1.5下降到0.15，但他依然理解群众，无怨无悔，极力维护人民群众的利益。

张云泉是中共十七大、十八大代表，被授予“全国优秀共产党员”“全国劳动模范”等荣誉称号，被评为“全国道德模范”“人民满意公务员”。

【事迹悟语】

一颗如金子般发光的心灵，点亮了百姓排忧解难的希望；一种如钉子般坚韧的精神，承载了国家全心为民的重托。三十年光阴的分分秒秒，奉献给党的事业；三十年汗水的点点滴滴，交付于群众的利益。时光荏苒，不变的是那曲为人民服务的永恒旋律。

“心有一团火，温暖顾客心”的优秀售货员
——张秉贵

柜台三尺何所寻？自立高标为人民。

轻重奇绝一抓准，热诚温暖万颗心。

琳琅满目倾王府，老幼痴情睹事新。

国有品牌张秉贵，风光无限精气神。

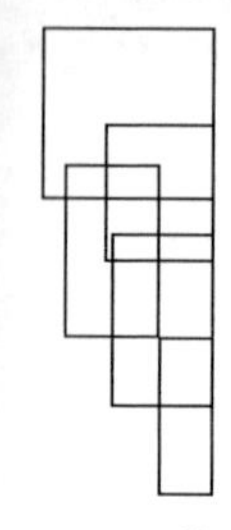

张秉贵小传

张秉贵（1918—1987），男，汉族，北京市人，中国共产党党员。原北京市百货大楼售货员。

张秉贵年少时在纺织厂做童工，17岁时到北京一家杂货店当学徒。1955年，已36岁的张秉贵被北京市百货大楼录用，成为“新中国第一店”的售货员。30多年的时间，他接待顾客近400万人次，没有跟顾客红过一次脸，吵过一次嘴，没有怠慢过任何一个人。北京百货大楼当时是全国最大的商业中心，客流量大，加之物资相对匮乏，顾客通常要排长队。张秉贵便下决心苦练售货技术和心算法，练就了令人称奇的“一抓准”“一口清”技艺。后来他又发明了“接一问二联系三”的工作方法，他在问、拿、称、包、算、收六个环节上不断摸索，接待一个顾客的时间从三四分钟减为一分钟。20世纪70年代初，他将自己的服务理念归纳为“一团火精神”，提出“心有一团火，温暖顾客心”的口号，他的工作和服务精神成为中国商业战场上的一面旗帜。

张秉贵是中共十一大代表，第五、第六届全国人大代表，被授予“全国劳动模范”荣誉称号。

【事迹悟语】

敬业的精神，令群众齐声喝赞；服务的火种，在祖国大地燎燃。把服务效率，视为毕生的追求；将万千顾客，奉为温暖的亲人。最普通的人，在最平凡的岗位，演绎了一场普世传颂的人生故事，“燕京第九景，名誉张秉贵”。

身残志坚的“当代保尔”——张海迪

身残斥自弃，弘毅振精神。

罹难益发愤，求知广见闻。

华章自寄托，新梦总缤纷。

执意问生命，鼓舞千万人。

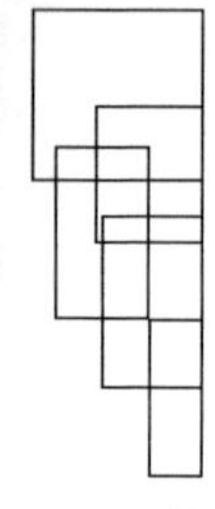

张海迪小传

张海迪，女，汉族，1955 年出生，山东省济南市人，中国共产党党员。

张海迪小时候因患血管瘤导致高位截瘫。从那时起，她便开始了自强不息的人生征程。15 岁时，张海迪跟随父母在山东莘县为农村的孩子们当老师。她自学针灸医术，为乡亲们无偿治疗。她虽然没有机会走进校园，却发奋学习，学完了小学、中学的全部课程，自学了多门外语，并攻读了大学和硕士研究生的课程。1983 年张海迪开始从事文学创作，先后翻译了数十万字的英语小说，编著了《生命的追问》《轮椅上的梦》等书籍。2002 年，她创作的长达 30 万字的长篇小说《绝顶》问世，荣获国家多项奖励。从 1983 年开始，张海迪创作和翻译的作品超过 100 万字。

张海迪多年来做了大量的社会工作。她经常去福利院、特教学校、残疾人家庭看望孤寡老人和残疾儿童，给他们送去礼物和温暖。她积极参加残疾人事业的各项工作和活动，呼吁全社会都来支持残疾人事业，关心帮助残疾人，激励他们自强自立，为残疾人事业的发展做出了突出的贡献。她被授予“全国劳动模范”“全国优秀共青团员”等荣誉称号。

【事迹悟语】

坐在轮椅上，顽强地拼搏在命运多舛的生活中，展现灿烂笑容；失去了双腿，高昂地屹立在金光闪烁的舞台上，实现人生价值。得不到命运的眷顾，却拥有胜于常人的乐观。身残志坚的坚强女性，用她的精神感动着这个时代，也让全中国的残疾人同胞看到了生活的多彩，瞭望属于自己的白云蓝天。

自由　平等

公正　法治

「祥瑞」

环卫战线的典范——时传祥

高洁怀抱平凡岗，辛苦饱尝暖与凉。

心系万家驱秽臭，遍涤街市送芬芳。

百行千业无尊贱，轻慢打拼分弱强。

尽享风流劳动者，荷出不染花留香。

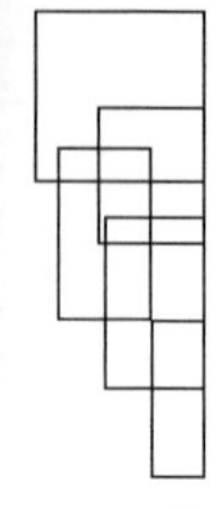

时传祥小传

时传祥(1915—1975),男,汉族,山东省德州市齐河县人,中国共产党党员。生前系北京市原崇文区（现已撤消）清洁队工人。

时传祥出生在一个贫苦农民家庭。他 14 岁逃荒流落到北京城郊宣武门一家私人粪场，受生活所迫当了淘粪工。新中国成立后，时传祥被工友选为崇文区“粪业工人工会”委员。1952 年，他加入了北京市崇文区清洁队，继续从事城市清洁工作。此时，北京市人民政府为了体现对清洁工人劳动的尊重，想办法减轻淘粪工人的劳动强度，把过去送粪的轱辘车全部换成汽车。运输工具改善之后，时传祥合理计算工时，挖掘潜力，把过去 7 个人一班的大班，改为 5 个人一班的小班。他带领全班由过去每人每班背 50 桶增加到 80 桶，他自己则每班背 90 桶。他以主人翁的姿态，以“搞好环境卫生，美化人民首都”为己任，肩背粪桶，走家串户，利用公休日为居民、机关和学校义务清理粪便，整修厕所。1955 年，他被评为“清洁工人先进生产者”，1956 年当选为崇文区人民代表，同年 6 月加入中国共产党。1958 年担任北京市政协委员。他是第三届全国人大代表，1959 年被评为“全国劳动模范”。

【事迹悟语】

污了双手，脏了身体，美了心灵，净了社会。臂中挎着装粪筐篓，脚下踏着粪泥污池，却塑成了中国最美的劳动者。只要拥有为民服务的热忱和无私奉献的精神，党和人民就会将你永记心中！

一心报国的著名地质学家——李四光

海外求知学有成，东归反哺意千重。

调研山水寻矿脉，勘验冰川震西中。

力斥贫油拔偏见，阐发新论多证明。

地质之光照禹甸，龙族崛起日蒸蒸。

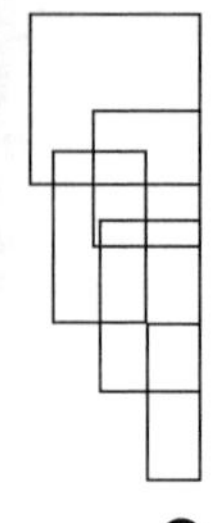

李四光小传

李四光(1889—1971),男,蒙古族,湖北省黄冈市人。中国著名地质学家,他是中国现代地球科学和地质工作的主要领导人和奠基人之一,新中国成立后第一批杰出的科学家和为新中国发展做出卓越贡献的元勋,北京地质学院的创建者之一,东北地质学院的首任院长。

1921年,他在太行山东麓和大同盆地首次发现第四纪冰川遗迹,后又在长江中下游庐山、黄山、九华山、天目山等地发现了大量遗迹,撰写了经典名著《冰期之庐山》,推翻了外国人认为"中国没有第四纪冰川"的错误观点,并在20世纪60年代初亲自规划和主持全国第四纪冰川研究工作。

李四光毕生倡导以"力学观点"研究地质构造的发生、发展及组合的规律,认为各种构造行迹是地应力活动的结果,建立了"构造体系"的概念,创建了地质力学学派。李四光运用地质力学理论,驱散了"中国贫油论"的迷雾,指导了我国石油地质普查工作,对我国东部油田的发现做出了重大贡献。

李四光是第一至第三届全国人大代表,中共第九届中央委员。

【事迹悟语】

他将身心镶嵌在祖国大地中,让华夏九州坚不可摧,他让地质产生无穷的价值,为国家人民创造财富。旧时代的更迭,新世纪的迈进,他的研究结晶和实践成果依然为地质事业的发展提供着宝贵的经验。一个人,擎着科学的旗帜,让世界刮目相看!

播撒仁爱的天使——李春燕

乡民怵问药，苗寨苦贫寒。

白手创医室，诊疗担弱肩。

倾家助病患，赤脚走深山。

风雨任劳怨，爱留方寸间。

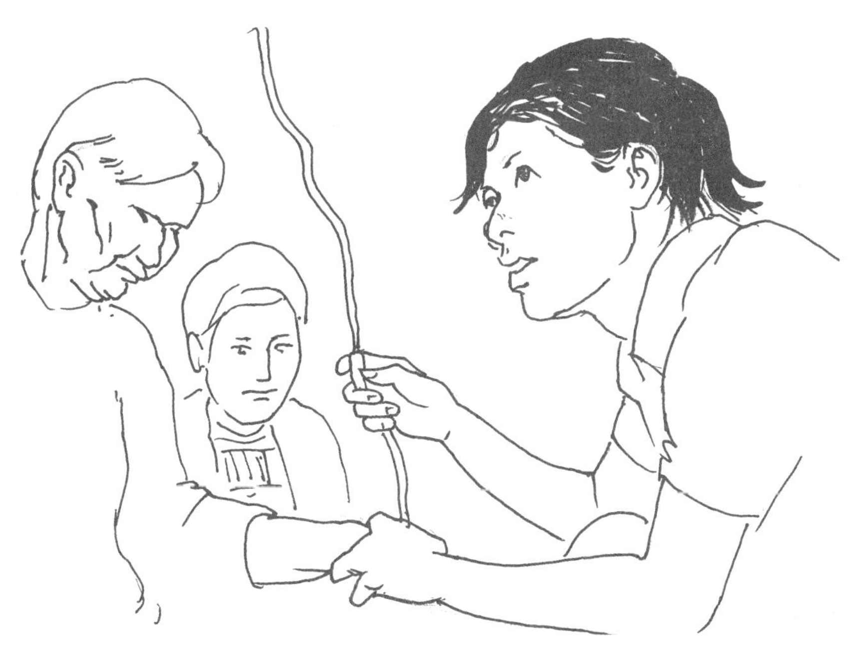

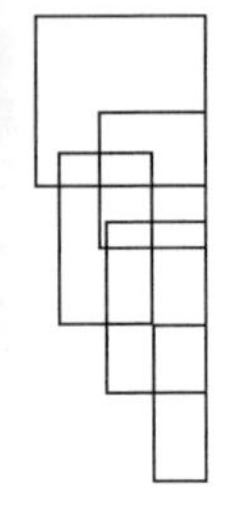

李春燕小传

李春燕，女，苗族，1974年出生，贵州省从江县人。现为贵州省从江县雍里乡大塘村卫生站医生。

大塘村是一个苗族村寨，山高路陡，交通闭塞，百姓生活贫穷，村里一直缺医少药。为了利用自己学到的医术解决村民看病难的问题，2001年，年轻的李春燕卖掉了家里耕牛，筹集资金2 000元，开办了大塘村有史以来的第一个卫生室。卫生室创办之初，李春燕连药箱也买不起，只好用竹篮子代替，一些简单的医疗器械也是从当医生的父亲那里借来的。因为穷，许多村民付不起药费，有些甚至连一两块钱都要赊账。几年过去了，李春燕的账本写满了一本又一本，村民一块、几块、几十块的欠账销了又写，写了又销，缺口不断地加大。可李春燕不改初衷，一直坚持为乡亲默默奉献。几年来，她共医治病人万余次，接生婴儿百余人。面对病患的抢救，他不畏危险，勇担重任，受到村民们的高度赞颂。

2007年，李春燕被评为“中国十大杰出青年”。2010年，她被国务院授予“全国劳动模范”称号。

【事迹悟语】

用天使般的热情，为苗族家园送去温暖和希望；用娴熟精湛的医术，为父老乡亲带去平安和健康。病患康复的微笑，在她眼里，成为人间最美丽的风景。不知疲倦、一心奉献的飞燕，为苗家儿女衔去了春泥，筑成了幸福安康的堡垒，让群众远离疾病的侵袭，憧憬着未来美好的生活。

知心伴侣，模范教师——李桂林、陆建芬夫妇

兴学挑重任，司马伴文君。

绝地惊偏远，峥嵘耸未闻。

无暇顾老幼，乐道铸师魂。

默默心相印，长歌响入云。

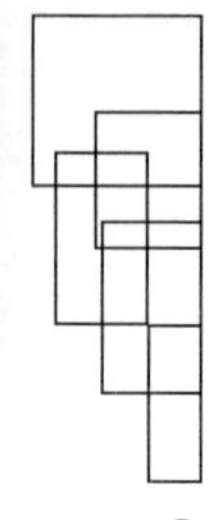

李桂林、陆建芬夫妇小传

李桂林，男，彝族，四川省汉源县人，中国共产党党员，1967 年出生，凉山彝族自治州甘洛县乌史大桥乡二坪村小学教师； 陆建芬，女，彝族，四川省汉源县人，1966 年出生，凉山彝族自治州甘洛县乌史大桥乡二坪村小学教师。

1990 年，李桂林、陆建芬夫妇来到甘洛县乌史大桥乡二坪村任教，村民的落后与贫苦深深地震撼了这对彝族夫妇。二坪是凉山北部峡谷绝壁上的彝寨，村民上下绝壁都要攀爬 5 架木制的云梯，进出极为艰难，村民一年难得下绝壁一次。就是在如此艰险的环境下，李桂林、陆建芬夫妇扎根这里 20 多年，把知识的种子播种在彝寨，为村民走出彝寨架起“云梯”。因为教学任务重，他们没有时间照看儿子和老人，儿子不小心摔伤了手，由于离卫生院太远，延误了医治时机，还留下了后遗症。李桂林和陆建芬夫妇全身心投入山区教育事业的精神感动了当地广大干部群众。二坪——这个过去的“文盲村、穷山村”，现在成了“文化村”。昔日的荒凉到今天的巨变，离不开两位老师付出的汗水和贡献，他们为偏远山区的教育事业撑起了一片蓝天。

2007 年，李桂林被授予“全国模范教师”荣誉称号。

【事迹悟语】

一对相敬相爱的夫妇，两颗至善至美的心灵，二十多年悬崖峭壁的攀行，百余名贫困少年的成才。条件的艰苦，环境的恶劣，难以阻挡他们传播知识文化、灌溉祖国未来的强烈愿望，他们用热忱和汗水，让一个村庄盛开了知识的花朵，飘荡着文化的芳香。从他们身上，我们感受到了爱心榜样的力量。

医德高尚的“门巴将军”——李素芝

军中誉华佗，雪域格桑花。

妙手唤春回，幸福送万家。

高原驱鬼魅，医界绽奇葩。

藏地颂高义，将军号门巴。

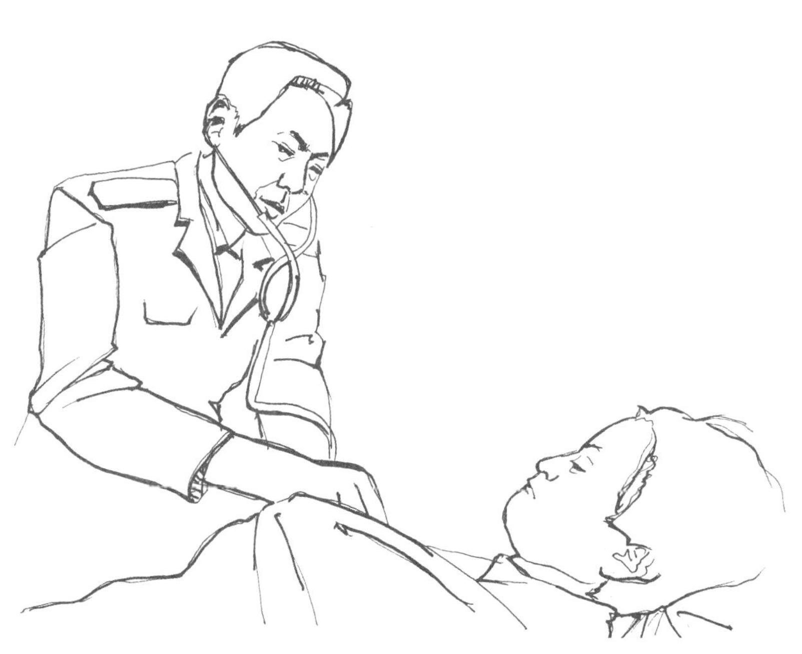

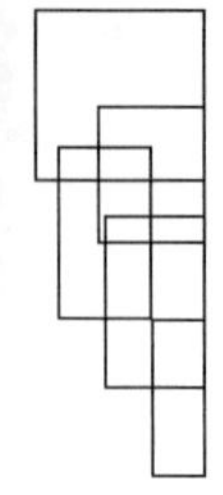

李素芝小传

李素芝，男，汉族，1954年出生，山东省临沂市人，中国共产党党员。现任西藏军区副司令员兼西藏军区总医院院长、主任医师、博士生导师，少将军衔。

1976年，李素芝毕业于位于上海的解放军第二军医大学。同年12月，他放弃了可以留在上海留校工作的机会，主动申请进藏工作。入藏以后，他先后主刀手术13 000多例，抢救垂危病人、重大手术600多例，被誉为“高原一把刀”。2000年以来，他亲自主刀开展了首例高原浅低温心脏不停跳心内直视手术，为数不清的先天性心脏病、风心病患者免费治病。他结合丰富的临床实践经验，积极开展科研工作，不断撰写学术论文，先后发表有价值的学术论文230篇，获得科技成果奖30项，开展新技术百余项，创20项世界医学奇迹，36项属国内首创，86项填补高原医学空白，获国家和军队科技进步奖20项。他组织研制的高原康胶囊、花虫胶囊、高红冲剂、九二接骨灵等药品，临床应用效果明显。

李素芝心系基层官兵、民族团结和西藏社会稳定，关心农牧民群众疾苦，被藏族群众亲切地称为“门巴将军”。他被评为“全国道德模范”“全军优秀共产党员”，先后荣立一、二、三等功7次。

2013年8月28日，中央军委主席习近平签署命令，授予李素芝“雪域高原好军医”荣誉称号。

【事迹悟语】

他是绽放在雪域高原的格桑花，在严寒中为百姓带去了绚烂和暖意；他是矗立在人们心中的守护神，在危急时为人民挽回了生命和希望。身着军装的白衣天使，坚守着军人的崇高信仰和医生的神圣使命，以全心奉献、仁心仁德的精神化身为百姓心中的“活菩萨”，闪烁着夺目的光辉。

扎根边疆的“马背医生”——李梦桃

药理医方思问求，扶伤救死为民忧。

白衣探诊走单骑，妙手悬壶解万愁。

北地峥嵘别样美，烟波浩荡竞风流。

长歌一曲关山梦，融睦百族乐春秋。

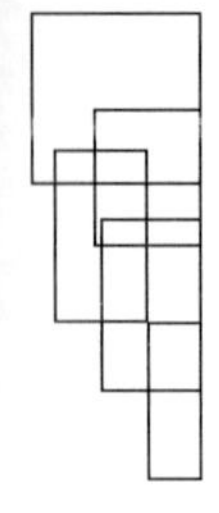

李梦桃小传

李梦桃，男，汉族，1948 年出生，上海市人，中国共产党党员，曾任农六师奇台医院党委书记。

李梦桃 1964 年 6 月下乡参加新疆建设。1970 年 10 月，他调到位于中蒙边境的北塔山牧场工作。北塔山牧场的平均海拔在 3 000 米以上，年均气温只有 2.4 ℃，自然条件十分恶劣，但李梦桃却扎根于此，坚持为牧民行医 40 多年。他开始学的是儿科，后来认为牧民们病情不一，什么样的病人都可能遇到，就刻苦钻研医学知识，在较短时间内掌握了内科、外科、妇产科、五官科等的一般医疗理论和技术，成为了全科医生。为了更好地为少数民族群众服务，他还自学了哈萨克语，治病救人的同时积极宣讲党的民族政策。多年来，他靠着一匹马、一个药箱、一件羊皮大衣、一块毡子和一支枪，常年往返于几百个放牧点之间，为牧场的职工群众、牧民和边防战士送医送药。为了抢救群众的生命，不管白天黑夜，无论路途远近，他接到病情就立即出诊。行医过程中，他多次遇到恶劣天气，发生意外险情，却始终无怨无悔。这些年，他走遍了牧场的每道山岭，累计行程 26 万多千米，救治病人 2 万多人次，接生 800 多个婴儿，赢得了牧区人民的尊重和爱戴，被誉为“哈萨克人民的好儿子”。

李梦桃被授予“全国优秀共产党员”“全国先进工作者”等荣誉称号。

【事迹悟语】

哪里有患者的痛苦，哪里就有他的身影；哪里有病人的呻吟，哪里就有他的忙碌。奔波于牧民和战士之间，徘徊于患者和家属身前。把自己置于恶劣条件之下，将生命从生死线上的边缘拉回。无名无利，无怨无悔，以一己之力造福边疆群众，用人生价值谱写生命之歌。

杰出的农民育种家——李登海

农兴百业旺，仓满万民安。

忙碌驱寒暑，奔波践科研。

种优行紧凑，亩产创新篇。

粒粒浸甘苦，欢声伴笑颜。

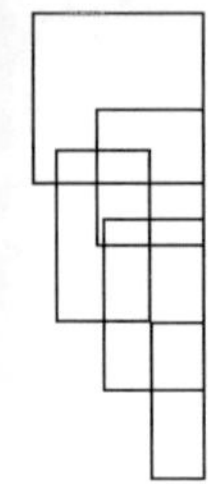

李登海小传

李登海，男，汉族，1949年出生，山东省莱州市人。现任山东登海种业股份有限公司董事长、国家玉米工程技术研究中心（山东）主任。

李登海作为农民发明家，被称为“中国紧凑型杂交玉米之父”，他与“杂交水稻之父”袁隆平齐名，共享“南袁北李”的美誉。30多年间，他先后选育玉米高产新品种80多个，6次开创和刷新了中国夏玉米的高产纪录。他主持选育的“掖单”系列玉米新品种，曾获国家科技进步奖一等奖。20世纪90年代中后期，他又育成“登海”系列玉米新品种，成为中国跨世纪的主推品种。登海9号玉米新品种，具有优质、高产、多抗的突出特点，其产量比曾获国家科技进步奖一等奖的“掖单13号”还增产11.4%。经国家审定，登海9号玉米适宜在东北、黄淮海、西北及南方玉米区种植。2000年3月至2007年底累计生产销售登海9号玉米5 624.08万千克，累计推广面积1 874.69万亩，累计增产粮食11.40亿千克，累计新增社会效益11.4亿元，为保障中国粮食安全做出了贡献。登海9号具有较高的淀粉含量，也受到了乙醇汽油生产企业的青睐，为保障中国能源安全提供了有力的品种支撑。

李登海是中共十四大、十七大、十八大代表，被授予“全国先进工作者”“中国十大杰出青年”等荣誉称号。

【事迹悟语】

黄澄金灿的玉米遍布大地，喜获丰收的百姓齐唱赞歌。他将智慧的种子埋进了田地，将丰硕的果实化为了民族的财富。每粒米，饱含着他的血汗，每片田，印刻着他的足迹。对科研执着追求，向理想拼搏前行，默默无闻的劳动者创造了世界玉米种植的奇迹！

航天英雄——杨利伟

苦练精钻研，心高傲九天。

御龙访日月，掣电横霄汉。

远近皆瞠目，神州尽展颜。

飞天圆我梦，热赞宇航员。

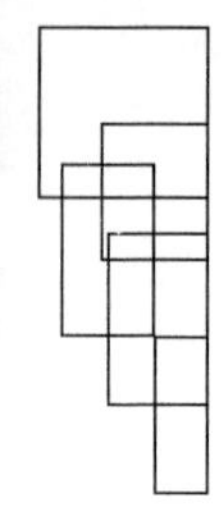

杨利伟小传

杨利伟，男，汉族，1965年出生，辽宁省绥中县人，中国共产党党员。中国人民解放军少将军衔，特级航天员。

杨利伟于1998年被选为航天员，从那时起为执行太空任务而刻苦训练。2003年10月15日，杨利伟在14名候选人中被选定作为执行我国首次载人航天飞行任务的航天员。他乘坐“神舟五号”飞船在太空飞行21个小时，环绕地球轨道14周，航行超过60万千米，于北京时间2003年10月16日6时30分在内蒙古主着陆场成功着陆，成为中国翱翔太空的第一人，实现了中华民族千年的飞天梦想。

杨利伟是中共十七大代表，2003年被中共中央、国务院、中央军委授予“航天英雄”荣誉称号，并颁发“航天功勋奖章”。2014年9月15日，太空探索者协会第27届年会在北京闭幕，杨利伟被授予列昂诺夫奖。

【事迹悟语】

将人生光芒散射于世界的每个角落，让五星红旗畅游在浩瀚的宇宙空间。凝聚万亿人民的目光，实现千年民族的梦想。一个人，携着数代人拼搏的结晶，载着国家和民族的希望，震撼了整个世界。那一刻，无数激动的泪花，凝结成两个字——骄傲！

热爱平凡岗位的人民勤务员——杨怀远

义缴辞呈官不恋，心牵旅客共欢忧。

扁担三尺情深种，嘘问千声爱永留。

亲顾病残和老幼，笑迎冬夏与春秋。

全心服务为人民，拼来白发不言休。

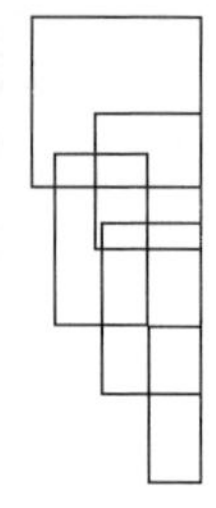

杨怀远小传

杨怀远，男，汉族，1937 年出生，安徽省庐江市人，中国共产党党员。原上海海运局长柳号轮服务员。

杨怀远曾先后担任原交通部上海海运局和平 14 号轮、大庆 11 号轮的生火工、服务员、副政委、政委。1980 年，他主动辞去政委职务继续担任服务员，直到 1997 年 11 月退休。38 年里，他始终以雷锋为榜样，甘当人民的“挑夫”，自备120多种方便旅客的用具，肩挑小扁担，穿梭于旅客之中，为旅客排忧解难，被旅客誉为“老人的拐杖”“孩子的保姆”“病人的护士”。他独创一套语言服务和心理服务学，用日记积累了 6 000 余首服务诗歌、顺口溜，还把服务经验写成 40 余万字的《讲点服务学》。他挑着一根为人民服务的小扁担，从青年、中年挑到老年，始终不计报酬，全心全意为人民服务，被誉为“小扁担精神”。曾经被他帮助过的群众在他的 47 根扁担上写满了饱含真情的话语。他不仅是优秀的服务员，还是精神文明的宣传员。退休后，他成为上海百老德育讲师团成员，应邀到学校、企事业单位等做报告 600 多场，认真践行着“为人民服务到白头”的承诺。

1985 年，杨怀远被授予“全国劳动模范”荣誉称号。

【事迹悟语】

一根扁担，这头儿是为民服务的满腔热忱，那头儿是爱岗敬业的无私奉献，始终架在他的肩膀上，烙下斑红的印记，刻进了人民的心里。人生的旅途过程中，他用六尺扁担找到了一个支点，扛起了一种精神。

神勇无畏的志愿军战斗英雄——杨根思

抗倭解放排头兵，北战南征纵旗旌。

志愿援朝驱美帝，保家守土卫和平。

孤身苦斗守高岭，赤胆捐躯全烈名。

血染春花艳胜火，气凌霄汉贯长虹。

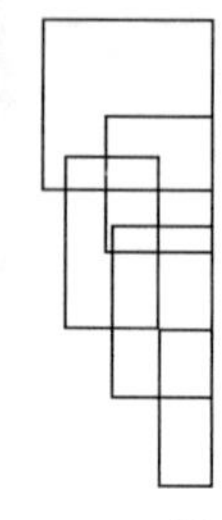

杨根思小传

杨根思（1922—1950），男，汉族，江苏省泰兴市人，革命烈士。1950年10月参加中国人民志愿军，1950年11月在战斗中牺牲。

杨根思小时候就在上海资本家的工厂做童工，失业回乡后又给地主家做“牛倌”。1944年成为新四军的一名战士。1950年10月，他参加了中国人民志愿军赴朝作战。同年11月，在抗美援朝战争第二次战役分割围歼咸镜南道美军的战斗中，杨根思奉命带一个排扼守阵地，负责切断美军南逃退路，他率领全排顽强抗击，以“人在阵地在”的英雄气概，接连击退美军8次进攻。11月29日上午，美陆战第一师发起八次冲击后，全排只剩下两名伤员，所有的弹药全打光了。杨根思命令战友抬着重机枪撤出阵地，自己却站起来一把拉着了导火索，与敌人同归于尽，光荣牺牲，年仅28岁。

战后，中国人民志愿军领导机关为杨根思追记特等功，并追授“特级英雄”称号。朝鲜民主主义人民共和国最高人民会议常任委员会追授他“朝鲜民主主义人民共和国英雄”称号和金星奖章、一级国旗勋章。

【事迹悟语】

生命的鲜血染红飘扬的军旗，无畏的精神击碎了敌人的野心。伟岸挺拔的英姿，敢于牺牲的决心令敌人闻风丧胆，魂飞魄散。伟大的战士，将青春热血洒在了他乡，把英勇不朽的军魂留在人间！

献身国防现代化的模范军人——苏 宁

勇挑重担指挥员，苦练硬功不畏难。

放眼全球精理论，奋发实践争前沿。

官兵情重亲兄弟，生死义豪灿九天。

铁骨铮铮男子汉，三军楷模代垂范。

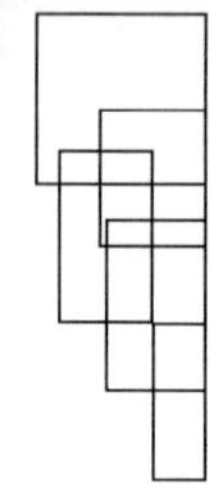

苏宁小传

苏宁（1953—1991），男，汉族，山西省孝义市人，中国共产党党员。1969年入伍，生前系中国人民解放军某部队参谋长。

苏宁对党、对祖国、对人民无比忠诚，是一名具有现代军事素质的指挥员。他时刻把祖国的安危挂在心上，紧盯世界军事科学的发展进步。他在做好本职工作的同时，潜心钻研现代军事理论，撰写了70篇学术论文。他与战士情同手足，生前曾3次冒着生命危险保护战友。1991年4月21日上午，苏宁现场指挥团队建制连手榴弹实弹投掷训练。其中一名投弹手由于挥臂过猛，弹体碰撞到堑壕的后沿，手榴弹落在不到一米外的监护员脚下。全神贯注的苏宁看到已经拉开拉火环的手榴弹冒着白烟，知道情况的严重性。他在手榴弹即将爆炸的危急时刻，不顾个人安危，一个箭步冲过去推开监护员，俯身抓起手榴弹，想把手榴弹扔出堑壕，但手榴弹还未出手就爆炸了。两名战友得救了，苏宁却身负重伤，经抢救无效光荣牺牲，年仅38岁。

1993年，中央军委授予苏宁“献身国防现代化的模范干部”荣誉称号。经中央军委批准，将其画像制作印发全军，在连级以上单位悬挂、张贴。

【事迹悟语】

把战友群众的安全揣入心怀，时刻不放；将祖国人民的利益扛在肩膀，永担不卸。危难面前，毫不退缩，勇于向前；生死关头，毫不犹豫，舍己为人。祖国战士的英勇典范，无愧于一袭绿装；军队干部的精神楷模，对得起闪亮国徽。

老百姓心中的好书记——谷文昌

植树绿荒山，防沙固海滩。

为民谋幸福，律己克艰难。

所在尽欢声，助人传美谈。

一生多贡献，碑颂立东山。

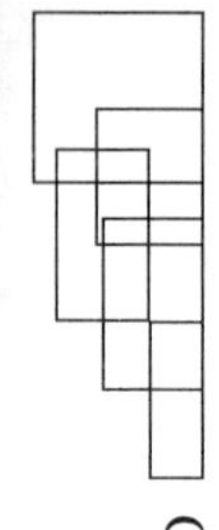

谷文昌小传

谷文昌（1915—1981），男，汉族，河南省林州市人，中国共产党党员。原福建省东山县县委书记。

谷文昌1943年3月加入中国共产党，1949年1月随军南下。1950年5月12日东山解放，谷文昌任中共东山县第一区工委书记，后任东山县县长、县委书记。位于东山县东山岛的东南部原有3.5万亩荒沙滩，狂风起时飞沙侵袭村庄，吞噬田园。谷文昌下定决心，要率领群众战胜风沙，根治旱涝，并发出誓言："如不治服风沙，就让风沙把我埋掉。"他带领干部群众在百里海滩上摆开战场，多次组织群众筑堤拦沙、挑土压沙、植草固沙、种树防沙，在全县掀起轰轰烈烈、扎扎实实的全民造林运动。至1964年，全县造林8.2万亩，400多座小山丘和3万多亩荒沙滩基本完成绿化，194千米的海岸线筑起了"绿色长城"。他常年深入农村，挽起袖筒植树，卷起裤腿犁田，拿起钢钎打石头。他带领群众大力发展生产，实现粮食亩产过千斤，群众称他为"谷满仓"。

中共中央总书记习近平在一篇题为《"潜绩"与"显绩"》的文章中称赞他"在老百姓心中树起了一座不朽的丰碑"。

【事迹悟语】

手握锤头，胸怀奉献，为万亩荒滩构筑起绿色屏障，令乡村家园唤起勃勃生机。心中有党，心中有民，心中有责，心中有戒。在他离开三十多年后的今天，他依然是新时代下"四有"干部的典范榜样。时光流逝，岁月如歌，基层模范干部的光辉形象，如同恒星，闪亮不息。

美与人性的使者——邰丽华

观音千手舞翩跹，曼妙精绝各哑然。

大音总系缤纷梦，经典常留天地间。

天使行踪遍四海，慈悲普世缔嘉缘。

地球村里人为本，相济和谐同向前。

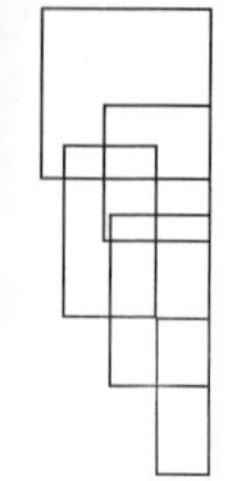

邰丽华小传

邰丽华，女，汉族，1976年出生，湖北省宜昌市人，现任中国残疾人艺术团团长，中国特殊艺术协会副主席。

邰丽华两岁失聪，但她凭借独特方式创造艺术，在15岁时成为中国残疾人艺术团的领舞演员，2002年8月调入北京中国残疾人艺术团，担任演员队队长，同时兼任中国特殊艺术协会副主席。她28岁成为艺术总监，塑造了特殊艺术经典之作《我的梦》。她领舞的《千手观音》在2004年雅典残奥会上震撼世界，在2005年央视春节联欢晚会上令观众赞叹不已。

邰丽华带领艺术团开展大量公益慈善活动和义演，出访过五大洲60多个国家，并用节俭下来的演出收入注资设立"我的梦"和谐基金，为四川地震灾区、左权革命老区捐款296万元，为国际慈善项目捐款40万美元，被世界残疾人代表大会称为"全球六亿残疾人的形象大使"，被联合国机构指定为"联合国教科文组织和平艺术家"。

邰丽华是第十一届全国政协委员，被授予"全国劳动模范""全国自强模范""巾帼建功先进个人"等荣誉称号和中国青年"五四"奖章。

【事迹悟语】

即使听不到优美的旋律，她依然是舞台上曼妙轻盈的精灵；即使讲不出生动的语言，她依然在全世界传递爱心的力量。失去命运的眷顾，得到世人的赞颂。才貌双全的女子，在舞台上以优美的身姿感动着观众，在生活中用炽热的心灵震撼着世界。

烈火中的真英雄——邱少云

侠旅誓师赋远征，保家荡寇卫和平。

吞敌潜战旌旗影，严律克职心眼明。

身化灰烟天地痛，心如石铁鬼神惊。

伟魂浩气贯宇宙，万代千秋垂大名。

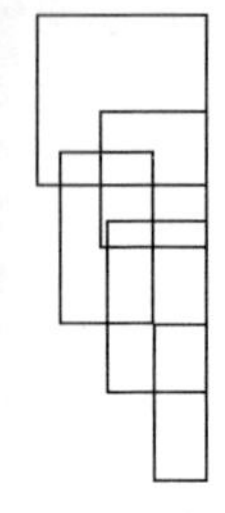

邱少云小传

邱少云（1926—1952），男，汉族，重庆市铜梁县人，中国共产党党员。

邱少云1949年12月参加中国人民解放军，作战勇敢，意志坚强。1951年3月参加中国人民志愿军赴朝作战。1952年10月，邱少云所在部队担负攻击高地的任务。为缩短进攻距离，便于突然发起攻击，当月11日夜里，部队组织500余人在敌阵地前沿潜伏，他所在排潜伏在高地东麓距敌前沿阵地仅60多米的蒿草丛中。12日12时左右，美军盲目发射燃烧弹，其中一发落在他潜伏点附近，草丛立即燃烧起来，火势迅速蔓延到他身上，燃着了他的棉衣。为了不暴露目标，确保全体潜伏人员的安全和攻击任务的完成，邱少云放弃自救，咬紧牙关，任凭烈火烧焦头发和皮肉，直至壮烈牺牲，年仅26岁。反击部队在邱少云伟大献身精神鼓舞下，当晚攻占了高地，全歼美军1个加强连。

战后，邱少云所在军党委追认他为中国共产党党员，并追授“模范青年团员”称号。1952年11月6日，中国人民志愿军总部给他追记特等功。1953年6月1日追授他“一级英雄”称号。同年6月25日，朝鲜民主主义人民共和国最高人民会议常任委员会追授他“朝鲜民主主义人民共和国英雄”称号和“金星奖章”“一级国旗勋章”。

【事迹悟语】

惊人的毅力，顽强的意志，任凭烈火烧身，誓守军人纪律。一个永载史册的英雄名字，一段感人至深的精神事迹，在和平年代的今天，仍被声声传颂，家喻户晓。他用英勇不屈、舍身为国的实际行动展现了中国军人严于律己的伟大精神和铁血赤胆的威武雄风！

救险殉难的英雄飞行员——邱光华

剑气颤高天，鹰翔气万千。

功荣多记录，任重不息肩。

康藏辟新航，汶川救险难。

青山当有幸，常籍赤心丹。

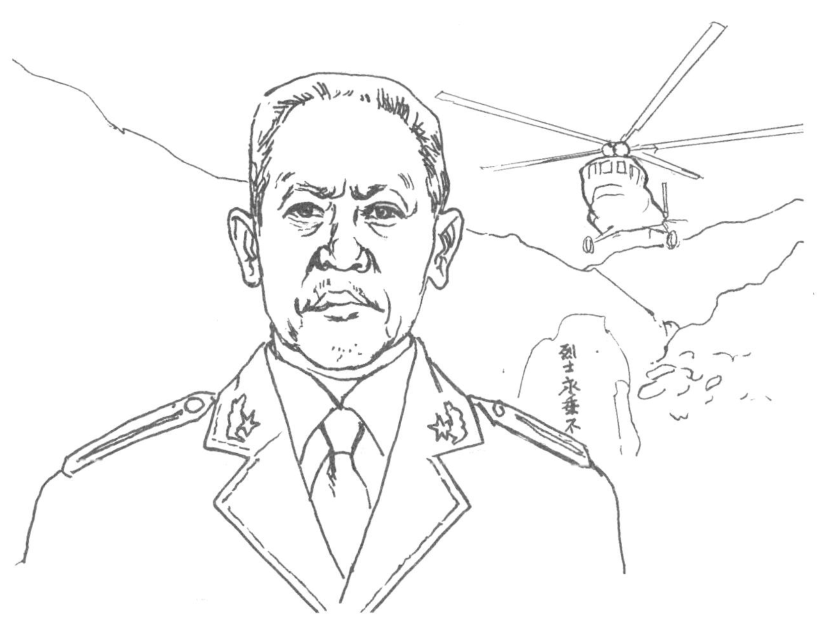

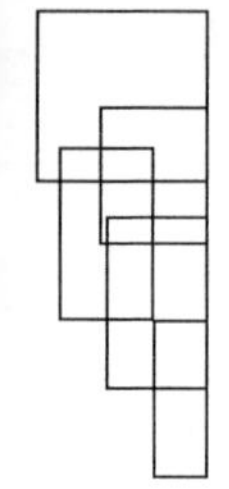

邱光华小传

邱光华（1958—2008），男，羌族，四川茂县人。生前系中国人民解放军某部队副师职特级飞行员。

入伍34年来，邱光华忠诚使命，恪尽职守，长期坚守在飞行第一线，出色完成了开辟川藏青藏航线、国防科研试验、抢险救灾等重大任务，先后荣立二等功2次、三等功4次。2008年5月12日，四川汶川特大地震发生后，邱光华积极请战参加抗震救灾，主动承担急难险重飞行任务。在气候复杂多变、通信联络不畅的情况下，他冒着生命危险，频繁执行汶川、北川、茂县等重灾区的飞行任务，先后飞行63架次，运送救灾物资25.8吨，输送救灾人员87人，转移受灾群众234人，为抗震救灾做出了突出贡献。2008年5月31日，邱光华同志率机组执行运送受伤群众任务，因高山峡谷局部气候瞬时变化，突遇低云大雾和强气流，撞山失事，与机组成员一起不幸遇难，以身殉职。2008年6月14日，他被中央军委追记一等功。

【事迹悟语】

灾难面前，他迎难而上，为群众带去生存的希望；险情之中，他无所畏惧，用宝贵生命换回人民的安康。他是翱翔在蓝天白云中的雄鹰，他是往返于险阻困境中的斗士。赤诚奉献的心，在那场惊天动地的破坏中，燃烧着炽热的火焰，照耀着祖国山河！

甘于奉献的好民警，人民群众的贴心人
——邱娥国

街坊邻里总关情，琐碎烦难笑脸迎。

一任兢勤罢懒政，三多户警副实名。

病残孤老挂日夜，忠孝赤诚铸品行。

火热情怀为民事，高扬正气唱文明。

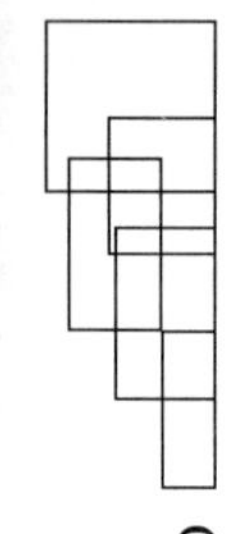

邱娥国小传

邱娥国，男，汉族，1946 年出生，江西省进贤县人，中国共产党党员。

1979 年底，33 岁的邱娥国从部队转业，被分配到南昌市广外派出所担任户籍民警，1990 年调往筷子巷派出所继续担任户籍民警。二十多年来，他在平凡的岗位上默默无闻地工作。邱娥国的案头放着一册特困人口记录本，上面写着孤老江一波、盲人万丛娣、残疾人罗尧根等一串人的名字。街坊邻居们常常看到，邱娥国买来热腾腾的肉包子，送到江一波老人的手上；帮着万丛娣一家操办柴米油盐、家务杂事；跑上跑下，给罗尧根扛煤气罐……多年来，辖区老老少少有事找到邱娥国，他都当作大事来办，被誉为“群众的贴心人”“人民的好警察”。他创造的工作经验被誉为“邱娥国工作法”，在公安战线推广。

邱娥国是中共十五大代表，第十届全国人大代表，被授予“全国优秀共产党员”“全国劳动模范”“全国先进工作者”“一级英雄模范”称号。

【事迹悟语】

心执服务信念，情系周边群众，忠于职责使命，维护一方平安。忙碌的脚步穿梭于大街小巷，如火的热情温暖着老人孩童。将微笑和奉献送给他人，把困难和危险留给自己。“人民警察爱人民，人民警察人民爱”，一句简单的话语，将鱼水之情诠释得淋漓尽致。

数学皇冠摘明珠的数学家
——陈景润

境至食无味，耽思寝不安。

功成凭奋斗，登顶恃攻坚。

演绎精推算，逸闻留世间。

绝决证猜想，殊亮耀皇冠。

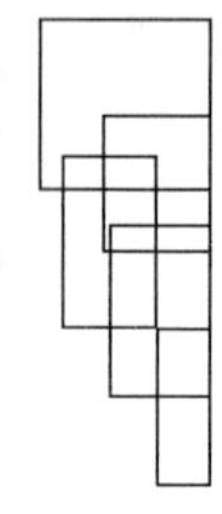

陈景润小传

陈景润（1933—1996），男，汉族，福建省福州市人，著名数学家。

陈景润在数学领域里的研究硕果累累。他写成的论文《典型域上的多元复变函数论》于 1957 年 1 月获国家发明一等奖，并先后出版了中、俄、英文版专著。他发起创建了计算机技术研究所，也是中国最早主张研制电子计算机的科学家之一。1957 年，陈景润被调到中国科学院研究所工作，作为新的起点，他更加刻苦钻研。经过十多年的推算，在 1965 年 5 月，他发表的论文《大偶数表示一个素数及一个不超过 2 个素数的乘积之和》受到世界数学界和著名数学家的高度重视和称赞。英国数学家哈伯斯坦和德国数学家黎希特把陈景润的论文写进数学书中，称为“陈氏定理”。

陈景润是第四、第五、第六届全国人大代表，获得全国科学大会奖，国家自然科学一等奖。

【事迹悟语】

孜孜不倦的研究，日复一日的推理，凭借不断的探索和不懈的努力，攻克世界著名的难题，创下人类数学研究的奇迹。他为中国科学事业注入了强心剂，激发了华夏儿女对科学事业求真求实的热情，他让知识的魅力渲染了神州。

誓死保卫海疆的钢铁战士——麦贤得

弹雨硝烟弊海空，长鲸斩浪屠蛟龙。

义撑铁骨忘生死，血染战旗写赤诚。

万里边疆万里爱，人民子弟人民兵。

横流沧海东风劲，驱散浮云啸沧溟。

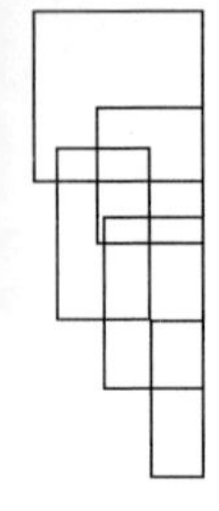

麦贤得小传

麦贤得，男，汉族，广东省饶平县人，1945 年出生，1963 年入伍，中国人民解放军某部队原副司令员。

1965年8月6日凌晨，麦贤得所在的“海上英雄”艇和兄弟舰艇巡逻在海面，担任护渔任务。这时，国民党“剑门号”和“章江号”闯进了东山岛附近的渔场。指挥员随即下达作战命令，麦贤得拉动操纵杆，炮艇昂首破浪向前冲去。战斗中，敌舰“章江号”燃起了熊熊烈火。正在这时，一块弹片打进了麦贤得的右前额，插到左侧靠近太阳穴的额叶里。他顿时失去知觉，苏醒过来时，嘴里已发不出声音。但是，他凭着平时练就的一手“夜老虎”硬功夫，顽强地坚守着战斗岗位。在剧烈摇摆的机舱里，他穿来穿去摸索着检查一台台机器、一根根管路、一个个阀门、一颗颗螺丝钉，并顽强地用扳手拧紧，保证了机器的正常运转。麦贤得忍受剧痛坚持战斗了 3 个小时，直至歼灭 “章江号”和“剑门号”。战斗胜利结束了。麦贤得被送进医院，他的脑神经严重受损，可面对伤痛，他始终如一地保持着顽强不屈的精神。

1996 年，麦贤得被国防部授予“战斗英雄”荣誉称号。

【事迹悟语】

他是机器的守护神，是战舰的发动机。刻苦钻研，磨砺身心，练就了钢铁般的意志和信念。面对敌人炮火，毫不退缩；面对伤痛侵袭，无所畏惧。党和人民的利益永驻心中，唱出勇者无畏的壮美之歌。

钢铁行业的旗帜——孟 泰

蓄宝积材义奉公，爱国爱厂印初衷。

钢花飞舞暗天火，铁水奔流幻彩虹。

自力更生担重任，攻坚克险铸丰功。

辛劳忘我为追梦，精神长在证光荣。

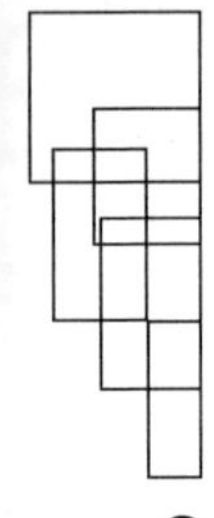

孟泰小传

孟泰（1898—1967），原名孟瑞祥，男，汉族，河北省唐山市丰润区人，生前系鞍山钢铁公司炼铁厂副厂长、工会副主席。

孟泰1949年8月加入中国共产党，成为新中国成立后鞍山第一批发展的产业工人党员之一。他爱厂如家，艰苦创业，带领广大工人把日伪时期遗留下来的几个废铁堆翻了个遍，建成了当时著名的“孟泰仓库”。他勇于攻克技术难关，在苏联政府停止对我国供应大型轧辊，致使鞍钢面临着停产威胁的情况下，他组织了500多名技协积极分子开展了从炼铁、炼钢到铸钢的一条龙厂际协作联合技术攻关，先后解决了十几项技术难题，终于自制成功大型轧辊，填补了我国冶金史上的空白，被誉为“为鞍钢谱写的一曲自力更生的凯歌”。他自己设计制造成功的双层循环水给冷却热风炉燃烧筒寿命提高100倍。在“文化大革命”中，面对遭受严重破坏的鞍钢生产，他顶着各种压力，使鞍钢的生产秩序免受冲击。他在担任鞍钢炼铁厂副厂长的8年中，被工人们称为“身不离劳动、心不离群众的干部”。1967年9月，积劳成疾的孟泰在北京病逝。

孟泰是第一、第二、第三届全国人大代表，被授予“全国劳动模范”荣誉称号。

【事迹悟语】

比钢更硬的，是奋斗拼搏的毅力；比铁更坚的，是敬业奉献的精神。守护钢铁，如同呵护自己的孩子，攻克难关，令金属生成无穷的财富。一副疲惫的身，一双奔波的腿，一颗执着的心，铸成了中国钢铁的巨人！

为人师表，品德高尚的模范教师——孟二冬

一世情缘在讲台，不言名利淡泊怀。

诗心激荡系千载，真理传承向未来。

自晓育人责任重，何知年富体先衰。

良师益友丹心谱，应慰三春桃李开。

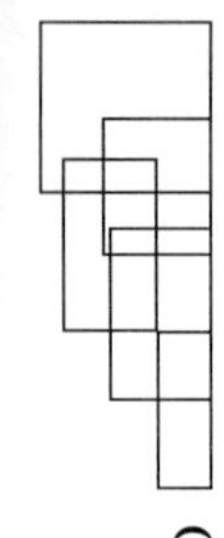

孟二冬小传

孟二冬（1957—2006），男，汉族，安徽省宿州市人，中国共产党党员。生前系北京大学中国语言文学系教授。

孟二冬学科专长为中国文学史及中国文学批评史，研究方向为魏、晋、南北朝、隋、唐、五代文学。孟二冬热爱教育事业，热爱学生，成为学生健康成长的良师、高尚人格的楷模。他撰写的各类专著，荣获了国家多项文学奖励，得到了我国文学界和史学界的高度评价。

2004 年 3 月，为支援新疆高等教育事业，孟二冬主动要求参加北大支援石河子大学教学的工作。在到石河子大学的第二周，他就出现严重的嗓子喑哑症状，尽管受到病症的折磨，但他仍坚持上课授业。在师生们的再三要求下，他来到当地医院检查，医生根据病情做出了“禁声”的医嘱，但他第二天又强忍病痛站在了讲台上。2004 年 4 月 26 日，他在剧烈的咳嗽中坚持讲完《唐代文学》最后一节课，倒在讲台上。经医院诊断，他已患食管恶性肿瘤。在北京治疗期间，他以顽强的毅力坦然面对病痛折磨，坚持课题研究和指导研究生的工作，积极筹备让自己的研究生去石河子大学为本科生开设讲座的事宜。

2006 年 4 月 22 日，孟二冬因病医治无效于北京逝世，享年 49 岁。人事部、教育部授予孟二冬“全国模范教师”荣誉称号。

【事迹悟语】

以史书为友，同文化相伴，授精华于学子，传道德之高尚。对学术的追求锲而不舍，与疾病的斗争顽强不屈。从他的一生中，我们看到了一名优秀教师刻苦求真，无私奉献的崇高精神；看到了一名文化学者以德修身、朴实无华的高尚品质。

抗震救灾英雄少年——林 浩

山崩大地颤，盼顾患千重。

险境困学伴，不屈怜幼童。

扬歌鼓士气，救死誓同生。

义勇闻天下，英雄叹稚容。

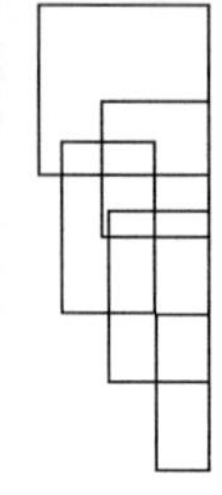

林浩小传

林浩，男，汉族，1999 年出生，四川省汶川县人。

林浩是“5·12”汶川大地震年龄最小的救人英雄。汶川大地震发生时，小林浩同其他同学一起迅速向教学楼外转移，但未来得及跑出，便被压在了废墟之下。身为班长的他在废墟下组织同学们唱歌来鼓舞士气，并安慰因惊吓过度而哭泣的女同学。经过两个小时的艰难挣扎，身材矮小而灵活的小林浩终于爬出了废墟。但此时，林浩班上还有数十名同学被埋在废墟之下，林浩没有惊慌地逃离，而是再次钻到废墟里展开了救援，将两名同学背出了废墟。在救援过程中，小林浩的头部和上身多处受伤。他那稚嫩的童音、超出年龄的成熟与勇敢以及善良的品格感染了每一位中国人。从小林浩身上我们看到了祖国新一代的希望，他是中华民族坚强不屈的代表。

2008 年 8 月 8 日晚的北京奥运会开幕式上，林浩和著名篮球运动员姚明担任中国代表团旗手，引领中国代表团入场。2008 年，他被中央文明办等部门授予“抗震救灾英雄少年”荣誉称号。

【事迹悟语】

地动山摇的灾难中，幼小的身影闪现了巨人的光辉。黑暗之中，废墟之下，一个孩童以超乎常人的毅力和坚强,展现了大智大勇的行为和奋不顾身的精神。稚嫩的声音呐喊出民族的气魄，瘦弱的身躯撑起了祖国的希望。在北京鸟巢，这个手擎五星红旗的孩子，让世界动情。

卓越的人民医学家——林巧稚

奠基拓道喟情真，奉献一生爱有痕。

救死扶伤慰众望，悬壶济世舍孤身。

妇科创始重临床，学术承传亲育人。

蜡炬成灰情未尽，名留青史颂恩深。

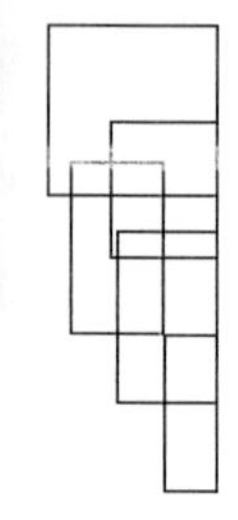

林巧稚小传

林巧稚（1901—1983），女，汉族，福建省厦门市人。生前系北京协和医院妇产科主任，中国医学科学院副院长。

林巧稚是中国妇产科学的主要开拓者之一，是协和医院第一位中国籍妇产科主任及首届中国科学院唯一的女学部委员。她在胎儿宫内呼吸、女性盆腔疾病、妇科肿瘤、新生儿溶血症等方面的研究做出了贡献，是中国现代妇产科学的奠基人之一。她献身医学事业，有着丰富的临床经验，深刻敏锐的观察力，对妇产科疾病的诊断和处理有高超的本领和独到的见解。她全面深入地研究了妇产科各种疑难病，确认了癌瘤为戕害妇女健康的主要疾病，坚持数十年如一日地跟踪追查，积累了丰厚的供后人借鉴的资料。林巧稚一生亲自接生了5万多名婴儿，百姓为了感谢她，把在林巧稚手里接产出生的孩子起名为“念林”“爱林”“敬林”“仰林”等，以示对林巧稚的永久纪念。1983年4月22日，林巧稚在北京逝世，享年82岁。

林巧稚是第一至第五届全国人大代表，荣获“全国三八红旗手”等荣誉称号。

【事迹悟语】

纯洁的天使，妇儿的圣母。她用精湛的医术和如花的笑容，迎接了一个个生命的诞生；她以高尚的医德和无私的奉献，守护着一位位妇女的平安。一双双感动的泪眼，一个个纪念的名字，无不是对她最真挚的怀念。为中国妇产医疗科学做出的卓越贡献，让她的名字，永存于世人心间！

孤寡老人的好女儿——林秀贞

孤老知心人，弃儿慈爱母。

相帮尽陌生，孝敬非亲故。

济弱有热肠，倾财不计数。

感天动地情，默默一村妇。

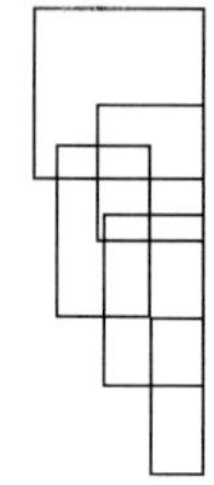

林秀贞小传

林秀贞，女，汉族，1946 年出生，河北省衡水市人，中国共产党党员。

30 多年来，林秀贞义务赡养了 6 位无任何血缘关系的孤寡老人，帮助乡村中小学改善教育条件，资助 14 名贫困家庭子女步入大中专院校。这些年来，林秀贞办起了玻璃钢厂、橡胶厂，又创立了防腐工程公司，但她始终不忘乡亲，无偿为残疾人提供玻璃钢、橡胶技术培训。1998 年，林秀贞在自家小厂里安排了 8 名残疾农民就业，使他们用双手支撑起自己的生活。这些残疾职工在林秀贞的小厂里工作得舒心，生活也有了劲头。有位残疾职工的父母都已过世，林秀贞自己掏了 4 000 多元，为他张罗成亲办喜事，解决了他的终身大事。林秀贞热心社会公益事业，自 1987 年以来，先后为乡、村各项公益事业累计捐资近 4 万元。

林秀贞是中共十七大、十八大代表，先后被授予“河北省优秀共产党员”“全国三八红旗手”“全国优秀共产党员”等荣誉称号。

【事迹悟语】

把对乡亲的感情，视为最浓的亲情；把群众的琐事，当成自家的大事。她用勤奋的双手，为他人创造了生活的美好；她用真挚的感情，为社会献出了无言的大爱。她用三十年如一日的奉献精神让自己由一粒平凡的沙石变成一颗闪亮的金钻，耀眼的光辉映射了一个时代！

勇拦惊马的爱民模范——欧阳海

战马脱缰呼不停，千钧一发吼一声。

铁龙呼啸惊风雨，勇士当关化险情。

一死千生世代爱，三军万众水鱼融。

神州万里长歌颂，光彩青春铸永恒。

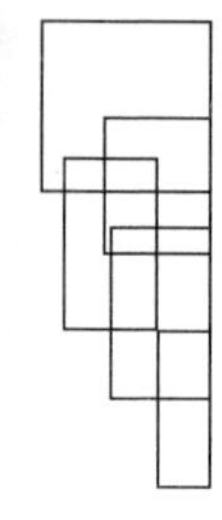

欧阳海小传

欧阳海（1940—1963），男，汉族，湖南桂阳县人，中国共产党党员。

欧阳海1958年加入中国人民解放军，曾3次荣立三等功。1960年5月加入中国共产党。1963年11月18日，部队野营拉练经过衡阳途中，在进入一个峡谷后，一辆载着500多名旅客的列车突然迎面急驶而来。列车的鸣笛声，使驮着炮架的一匹军马骤然受惊，窜上了铁道，横卧双轨上，眼看一场车翻人亡的事故就要发生。就在火车与惊马即将相撞的危急时刻，欧阳海毫不犹豫地冲上前，用尽全力把惊马推离了铁轨，列车和旅客转危为安，他却被火车卷倒在铁轨边，身受重伤，为保护国家财产和人民的生命安全献出了年轻的生命，时年23岁。

1967年1月，国防部授予欧阳海生前所在班为“欧阳海班”。朱德、董必武、贺龙、徐向前、聂荣臻、叶剑英等党和国家领导人分别题词，高度赞扬欧阳海的英雄行为。

【事迹悟语】

为国为民的胸怀像一片大海，湛蓝无边；奋不顾身的精神如一团火焰，炽热光亮。他用短暂的青春谱写了一首颂歌，歌中回响着感人泪下的故事；他用宝贵的生命创作了一首史诗，诗中饱含着祖国亲人的赞扬。伟大无私的共产主义战士，牺牲的那一刻，怎能不令九州大地为之悲恸。

创造奇迹的“爱的守护者”
——罗映珍

英雄奋义岂徘徊，悬命旦夕呼不来。

不弃不离今世爱，同生同死暖心怀。

衷情呵护守千日，海誓山盟等一回。

大爱精诚叹奇迹，金石容动铁花开。

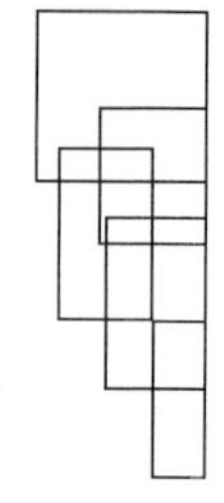

罗映珍小传

罗映珍，女，汉族，1978年出生，云南省临沧市人，中国共产党党员。现为云南省临沧市公安局民警。

2005年10月1日，罗映珍与身为民警的丈夫罗金勇在国庆休假期间，回老家探望父母。途中，罗金勇赤手空拳地与三名毒贩展开搏斗，最终因头部及身体多处受伤，倒在了血泊中，成为植物人。从那以后，罗映珍便肩负起了照顾丈夫的责任，不离不弃，精心呵护，无怨无悔。每天早上5点，罗映珍便准时起床，以打果汁、煮粥作为一天的开始，整天全心照顾丈夫。每天晚上罗映珍回到住处，都已经是深夜时分。日复一日、年复一年，罗映珍依然在默默地坚守，默默地付出，用饱含着真情的日记呼唤着丈夫的苏醒。正是这种坚定的信念，使罗映珍一次又一次地战胜了心中的悲伤，点燃了内心的希望。现在，罗金勇已从深度昏迷的植物人状态中苏醒过来，肢体和语言功能都得到了改善，能够进行简单的交流，并且能够在旁人的帮扶下短距离行走。见证了这个奇迹的人们都说，是罗映珍的坚持和爱，唤醒了沉睡的丈夫。

罗映珍被评为“全国道德模范”“全国三八红旗手”“全国模范公安民警家属”等荣誉称号。

【事迹悟语】

洒下一滴滴汗与泪，只为英勇的丈夫能流露一丝微笑；写下一段段字与情，只盼深眠的爱人能睁开清澈的双眼。用至纯至真的爱，将心相连；用至善至美的情，把手相牵。一个平凡的女子，用她的执着演绎了一场可歌可泣的爱情故事，用她的奉献创造了一段感天动地的生命奇迹。

愛國敬業

誠信友善

「如意」

鞠躬尽瘁的科技界楷模——罗健夫

百炼在军中，求知忌偷闲。

博积由奋发，倾智向航天。

艰苦伴卓绝，隐埋让名钱。

雄魂归大地，无处不潸然。

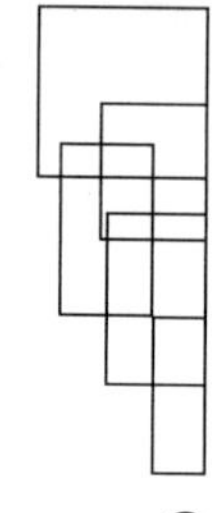

罗健夫小传

罗健夫（1965—1982），男，汉族，湖南省湘乡市人，中国共产党党员。

1950 年，罗健夫报名参军。他在部队利用业余时间，学完初中三年及高中三年全部课程。1956 年，他考入西北大学原子物理系原子核物理专业，毕业后先后在母校及西安电子计算机技术所、骊山微电子公司工作。1965 年，他开始研究微电子技术。1968 年，他参加北京电机厂技术攻关协作。次年，主持国家空白项目——图形发生器攻关。他在“文化大革命”期间力排干扰，以顽强的毅力，短时间内掌握第二外语，攻读电子线路、自动控制、精密机械、应用数学、集成电路等多门课程。在 1972 年、1975 年，他先后研制出第一台图形发生器、Ⅱ型图形发生器，为我国航天工业做出了重大贡献。1978 年获全国科学大会奖后，他再接再厉，继续研制Ⅲ型图形发生器，至 1981 年 10 月已独立完成全部电控设计。1982 年，他在一次调试设备时突然病倒，被诊断为晚期淋巴癌，因医治无效去世，年仅 47 岁。

罗健夫获得全国科学大会奖，被追授为“全国劳动模范”荣誉称号。

【事迹悟语】

将书籍看作一生挚爱的朋友，把实验当成探索奋发的动力。一身正气，两袖清风，刻苦钻研，精益求精。科技的难关面前，他勇往攻坚；残酷的病魔缠身，他咬牙向前。即使躺在病榻上，也不向命运屈服。“中国式的保尔”用他拼搏向上的一生，诠释了“生命不息、奋斗不止”的精神意义。

舍己救人的国际主义战士
——罗盛教

三湘好汉赛罗成，义赴鸭江血气浓。

陷阵冲锋杀鬼魅，义无反顾竞军功。

伤身蹈火安乡里，冒死溶冰救难童。

国际精神昭日月，辉煌壮烈刻碑铭。

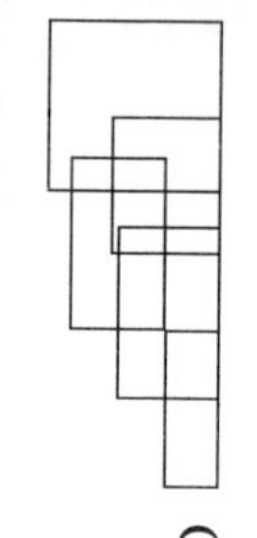

罗盛教小传

罗盛教（1931—1952），男，汉族，湖北省新化县人，中国共产党党员，生前系中国人民志愿军某侦察队文书。

罗盛教出身于贫苦农民家庭。1949年参加中国人民解放军。1951年4月响应抗美援朝、保家卫国的号召，参加中国人民志愿军赴朝作战。1952年1月2日晨，4名朝鲜少年在平安南道成川郡石田里附近的栎沼河上滑冰，其中一个名叫崔莹的少年不慎掉入2.7米深的冰窟，另3名少年大声呼救。罗盛教出早操后，路经那里，听到喊声，立即向出事地点飞奔。他边跑边脱掉棉衣棉裤，冒着严寒，纵身跳入冰窟，潜入水中找寻落水孩童。他两次把崔莹托出水面，都因冰窟周围冰层破裂，又跌入水中。几经周折，他冻得全身发紫，浑身打战，难以支撑，但仍以惊人的毅力再次潜入水中，用尽最后的气力，把崔莹顶出水面。少年得救了，他却因气力耗尽，无力浮出水面，献出了年轻的生命，年仅21岁。

1952年，罗盛教被中国人民志愿军政治部追记特等功，被授予“一级爱民模范”称号。

【事迹悟语】

奋不顾身的义举，展现出中国军人的赤胆英姿；舍己救人的行动，树立了国际主义精神的榜样。一颗无私无畏的奉献心灵，令华夏大地感动，流转传颂，一副挺拔伟岸的英雄形象，在祖国人民心中，昂首矗立。

草原英雄小姐妹——龙梅 玉荣

草原二月寒，雪暴狂风吹。

呼啸走羊群，奔突劳姐妹。

情危弥昼夜，伤重催人泪。

一曲英雄歌，激扬唱无畏。

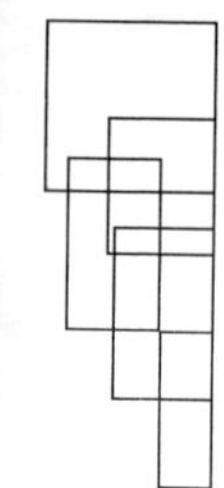

龙梅、玉荣小传

龙梅，女，蒙古族，1952 年出生，辽宁省阜新县人，中国共产党党员。

玉荣，女，蒙古族，1955 年出生，辽宁省阜新县人，中国共产党党员。

1964 年 2 月 9 日一早，姐妹俩的父亲帮助牧民粉刷房子。包放公社 384 只羊的放牧任务落到了 11 岁的龙梅和 9 岁的玉荣姐妹俩肩上。中午，一场突如其来的暴风雪袭击了草原，羊群开始顺风狂奔。面对危险，姐妹俩放弃了逃生的念头，艰难地左拉右挡追赶着羊群。饥饿、寒冷、疲劳折磨着两个小姑娘。为了护住羊群，姐妹俩与暴风雪对抗了 20 多个小时，奔波了 50 多千米路。妹妹玉荣的毡靴跑丢了，两只脚成了两个大冰坨子，龙梅想把自己的毡靴脱给妹妹，但是她的手指不听使唤，毡靴和脚也结结实实地冻在了一起。玉荣拼尽全力，最后晕倒。2 月 10 日下午，她们被送进了包钢白云鄂博铁矿医院。在姐妹俩的奋战努力下，羊群保住了，但是由于严重的冻伤，龙梅失去了左脚拇指，玉荣双脚被截肢，造成终身残疾。时任内蒙古自治区主席的乌兰夫亲笔题词，要求全区各族青少年向她们学习。

龙梅、玉荣是第四、第五届全国人大代表，龙梅是中共十大代表，玉荣被评为“全国自强模范”。

【事迹悟语】

面对突袭的暴雪寒风，毫无惧色；为了集体的财产安全，勇往直前。刺骨的严寒摧残着冻僵的手脚，凛冽的风雪考验着幼小的心灵。她们用难以想象的坚强和意志，在灾难面前阔步冲锋！英雄小姐妹，失去了健全的身体，展现了完美的人格。她们的崇高精神，伴随着历史的长河，汩汩流淌，源源不绝。

纺织战线的一面旗帜——赵梦桃

织女自多娇，心灵伴手巧。

精研操作法，荣桂红围腰。

增效节分秒，创优夺锦标。

青春热血颂，旗帜灿云霄。

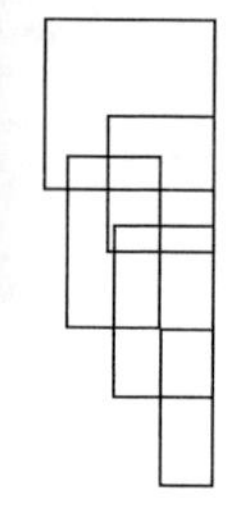

赵梦桃小传

赵梦桃（1935—1963），女，汉族，河南洛阳人，中国共产党党员。生前系西北国棉一厂细纱挡车工。

1951 年底，在得知西北国棉一厂动工筹建的消息后，赵梦桃考上了国营棉纺厂的学徒工，不久被选为培训班的小组长。半年后，西北国棉一厂正式开工，赵梦桃当上了细纱挡车工。在工作岗位上，她勤奋苦干，别人一个巡回需要 3 至 5 分钟，她只用 2 分 50 秒。在学习“郝建秀工作法”活动中，赵梦桃以优异的成绩第一个戴上了“郝建秀红围腰”。赵梦桃刻苦钻研技术，创造了“清洁检查操作法”。按这种操作法，可使粗细节坏纱比过去减少 70% 左右。她十几年如一日，月月出色完成各项生产任务。从 1952 年至 1959 年的 7 年间，仅节约棉花就达 1 200 多千克。她曾 42 次被评为“劳动模范”“红旗手”，创造了月月全面完成国家计划，年年均衡生产的好成绩。1959 年，她和她的“赵梦桃小组”一同出席了全国群英会，成为纺织战线的一面旗帜。1963 年，赵梦桃因患肺癌病逝，年仅 28 岁。

赵梦桃是中共八大代表，两次被授予“全国先进生产者”荣誉称号。

【事迹悟语】

勤奋的双手编织出劳动的梦想，智慧的汗水凝结出效益的硕果。平凡的劳动者，在有限的生命时光里，以非凡的成就赢得了所有人的掌声和赞美！她似一朵浪花，将一生奉献给祖国社会主义建设的浪潮，荡起了埋头钻研、爱岗敬业的层层涟漪，伴着轻风，漂向四面八方。

抗击“非典”第一人——钟南山

非典欺天下，担纲勇抗击。

临床施妙手，涉险判悬疑。

荣辱置身外，卓绝排众议。

科学铸利剑，大疫扫淋漓。

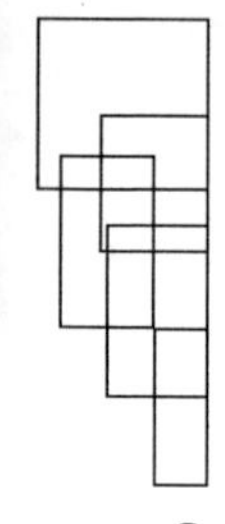

钟南山小传

钟南山，男，汉族，1936年出生，福建厦门人，中国共产党党员。现任中华医学会会长、广州呼吸疾病研究所所长。

从医以来，钟南山先后取得了国家、省市各级科研成果20多项，其中国家级科技进步三等奖一项，部省级科技进步二等奖各一项，三等奖一项，在国内外医学杂志发表论文70多篇。他是近十几年来推动中国呼吸疾病科研和临床事业走向世界前列的杰出领头人之一。他和他的同行们在这个专业的突出贡献，奠定了中国呼吸疾病某些项目的研究水平在亚太地区的领先地位。

2003年，在抗击非典疫情的过程中，钟南山院士带领团队率先投入战斗，主动要求收治危重非典患者，积极倡导国际大协作，创建了“合理使用皮质激素，合理使用无创通气，合理治疗并发症”的方法治疗危重非典患者，获得了96.2%的国际最高存活率。他实事求是的科学精神，临危不惧的英雄气概，视患者如亲人的大医情怀受到世人称赞，被誉为“抗非英雄”。

【事迹悟语】

以严谨求实、不懈探索的态度对待科学；以妙手仁心、大仁大义的精神对待患者。他用专注架起屏障，驱除病毒；他把责任当作支点，翻越险阻。一场没有硝烟的战争，悄无声息，考验人类的意志；一种迎难而上的精神，所向披靡，催人奋进！

大爱至善的“江湖义士”——唐山十三农民

古道翻热肠，农人释义侠。

慨慷忧国难，坦荡赴天涯。

救患同兄弟，抗灾亲一家。

爱传志愿者，共育和谐花。

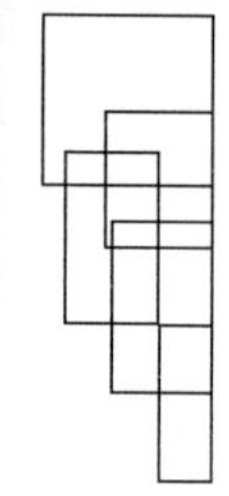

唐山十三农民兄弟小传

唐山十三农民兄弟，又称唐山十三义士。成员为宋志永、杨国明、杨东、王加祥、王得良、宋志先、王宝国、王宝中、曹秀军、尹福、宋久富、杨国平、王金龙十三人，河北唐山人。

2008 年初，特大雪灾袭击了华南地区，湖南郴州成了一座冰雪中的孤城。河北唐山十三个农民在除夕当天出发，顶风冒雪来到郴州参与救灾。十三位农民兄弟自己准备了工具，大年初二上午赶到郴州电力抢险指挥部，他们每天起早贪黑、踏雪履冰，为抢修工地扛器材、搬材料、抬电杆。 2月23日，在工作了16天之后，这十三位农民兄弟离郴返乡，许多郴州市民在得知这一消息后，自发赶来为他们送行。

2008 年 5 月 12 日下午，四川汶川发生特大地震，宋志永和十二位兄弟商量后，几经辗转来到灾情最重的北川县城，成为最早进入北川的志愿者之一。他们用铁锤砸、钢钎撬、徒手刨等方法，不断寻找幸存者。他们与解放军、武警战士一起，救出 25 名幸存者，刨出近 60 名遇难者遗体。

唐山十三农民兄弟之一的宋志永被团中央评为“全国五四标兵”，获得“中国十大杰出志愿者集体负责人”等荣誉称号。

【事迹悟语】

饱含着对壮丽山河的无比热爱，涌动着对祖国同胞的无限牵挂，天寒地冻挡不住他们的前行意志，山崩地裂震不掉他们的片片真情。他们从四十年前那座坚强的城市里走出，又毅然站在新的灾难面前，只因华夏儿女相亲相爱、血浓于水，只因龙的传人万众一心、同舟共济！

中国乒坛的里程碑——容国团

碧台两半分，球动人随舞，

征战大赛场，拼搏精气足。

创新快准狠，万众齐欢呼。

国手第一人，英才绝世出。

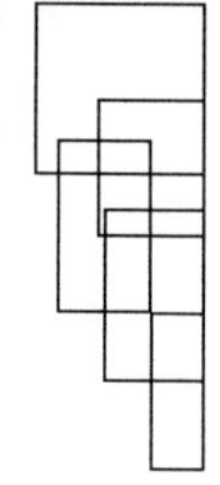

容国团小传

容国团（1937—1968），男，汉族，广东珠海人，生于香港。生前系著名乒乓球运动员。

容国团20岁时进入广州体育学院学习。1958年被选入广东省乒乓球队，同年参加全国乒乓球锦标赛，获男子单打冠军，随后被选为国家集训队队员。他的直拍快攻打法，球路广，变化多，继承和发展了中国传统的左推右攻打法，并创造了发转与不转球，搓转与不转球的新技术。在比赛中，他的战术灵活多变，独具特色。中国乒乓球近台快攻的技术风格，就是在总结了他的技术经验之后，由原来的“快、准、狠”，发展为“快、准、狠、变”。

1959年在第二十五届世界乒乓球锦标赛上，他先后战胜各国乒坛名将，为中国夺得了第一个乒乓球男子单打世界冠军，也是新中国第一位世界冠军获得者。他在1959年、1961年两次获得国家体委颁发的体育运动荣誉奖章，1984年被评为中华人民共和国成立35周年来杰出运动员之一。

【事迹悟语】

技巧与力量交相呼应，智慧与创造完美结合。奋勇拼搏，英姿勃发，他在训练场滴下汗水，收获了领奖台的荣耀；众星璀璨、经久不衰，他引领了一项运动，辉煌了一个国家。让人民振臂欢呼的，是灵动的国球；让国旗高高飘扬的，是奋发的精神！

全心全意为民服务的劳动模范——徐 虎

服务热线开，名声知迩遐。

辛苦我一个，幸福千万家。

风起及时雨，有求必应答。

人生多贡献，播种文明花。

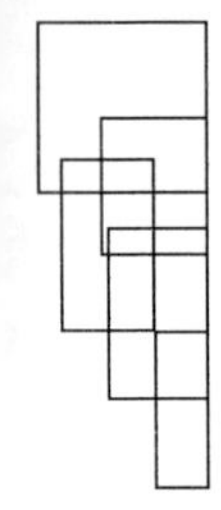

徐虎小传

徐虎，男，汉族，1950 年出生，江苏徐州人，中国共产党党员。现任上海西部企业集团物业总监。

1975 年，徐虎进入上海市普陀区中山北路房管所，成为一名水电维修工，担负起管区内 6 000 多户居民的水电维修、房屋养护工作。只要一有空，徐虎总是认真学习房修水电技术。碰到居民报修，徐虎一喊就到，及时解决。碰到难做的活儿，徐虎千方百计做到居民满意。每次修理完毕，徐虎都主动做好清洁工作。对居民的酬谢，他笑着谢绝；碰上挑剔的居民，他耐心说服。1985 年，徐虎在村里挂上了 3 个“夜间水电急修特约服务箱”，打那以后，每天晚上 7 时，徐虎总是骑着自行车，带着工具包，走向 3 个报修点。然后按照报修的纸条，挨家挨户上门修理，被群众亲切地称为“晚上七点的太阳”。

徐虎还开通了广为人知的“徐虎热线”，每年接到各类保修、咨询电话 3 万多个。他是中共十五大代表，被授予“全国优秀共产党员”“全国劳动模范”等荣誉称号。

【事迹悟语】

一个普通的岗位，让千家万户在黑暗中重现光明；一位平凡的工人，令人民群众的生命之泉源源不绝。热线铃声的响起，他当作奔向服务的口令；群众感激的赞美，他视作继续前行的动力。一个人的忘我劳动，敬业奉献，融化了一座城，暖了八方人。

“以青春换成功”的新一代石油人——秦文贵

情牵戈壁滩，苦战二十年。

频创新工艺，油喷似涌泉。

振兴待俊才，跨越倚学研。

为就能源梦，潮头勇向前。

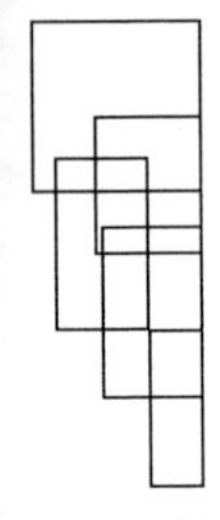

秦文贵小传

秦文贵，男，汉族，1961 年出生，河北省平山县人，中国共产党党员。现任中国石油集团天然气集团总公司市场部副主任。

1982 年，从华东石油学院毕业的秦文贵毫不犹豫地来到了我国海拔最高、环境最艰苦的青海油田，一干就是二十多年。在工作中，秦文贵凭着所学科学知识和一腔热血，战胜了一个个常人难以想象的困难，攻克了一系列技术难关。他积极探索固井新工艺的推广应用，全年节约数十万元；他精心设计推广双级固井和 7 寸尾管完井技术，每口井节约成本 30 余万元；他优化改进井身结构，缩小井眼，岩石破碎量降低一半，提高了钻井速度……秦文贵组织、研究和推广、运用的科技项目达 10 多项，大幅度提高了钻井速度，使 2 个月打成一口井的梦想变成现实。由秦文贵主持的“尕斯油田深井简化技术套管程序”研究，经过秦文贵和他的课题组半年的苦心钻研，完成了可行性论证，并成功地打出了 4 口深开发井。每口井节约技术套管 2 500 米，4 口井节约综合钻井成本近 700 万元。秦文贵在 30 年的油井工作中，走出了一条当代青年知识分子在苦干、实干中锻炼成长的闪光之路。

秦文贵被授予“全国劳动模范”荣誉称号，获得中国青年“五四”奖章。

【事迹悟语】

游走奔波于戈壁荒漠之间，埋头奉献于高原油井之下。将科研创新转化为累累果实，令西部荒岭迸发出巨大财富。他将自己的心与祖国嵌在一起，同呼吸，共命运，用行动践行了他那句“越要艰苦、越要奋斗、越要奉献”的壮言豪情。

杂交水稻之父——袁隆平

民以食为天，义悬稻谷谋。

科研历万苦，济世体国忧。

春到乐耕耘，秋临喜物收。

惠民千百万，盛誉享全球。

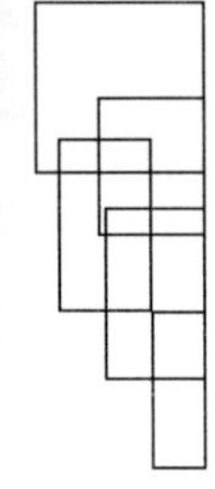

袁隆平小传

袁隆平，男，汉族，江西省德安县人，1930年出生，著名农业科学家。

1953年，袁隆平毕业于西南农学院农学系。毕业后长期在偏远的基层从事杂交水稻育种理论研究和制种技术实践。从1964年开始，他将全部精力投入到杂交水稻的研究当中，研发出“三系法”杂交水稻、“两系法”杂交水稻、超级杂交稻，使水稻亩产量从300千克提高到500千克、700千克、800千克，直至2014年超级稻第四期亩产突破1 000千克。他提出并实施了“种三产四丰产工程”，运用超级杂交稻的技术成果，大幅度地提高了水稻的单产和总产。他参加工作五十多年以来，不畏艰辛、执着追求、大胆创新、勇攀高峰，所取得的科研成果使我国杂交水稻研究及应用领域领先世界水平，推广应用后不仅解决了中国粮食的自给难题，也为世界粮食安全做出了杰出贡献。

袁隆平是中国工程院院士，被授予“全国劳动模范”“全国道德模范”等荣誉称号。

【事迹悟语】

洒下滴滴勤劳血汗，播种亩亩稻花飘香；战胜饥饿摆脱农荒，杂交水稻四海名扬。呕心沥血，勤于奉献，锲而不舍，百折不挠，他数十年如一日的辛劳和研究，让人民百姓喜收硕果，让祖国农业屡创奇迹。伟大的科学家，实现了令整个世界称颂的壮举。

科学巨子——钱学森

卓越频博赞誉声，精忠归报恃衷情。

中华崛起百年梦，长箭腾飞宏愿成。

索秘探幽创理论，建言筹策淡功名。

虚怀若谷参星斗，警励人生待前行。

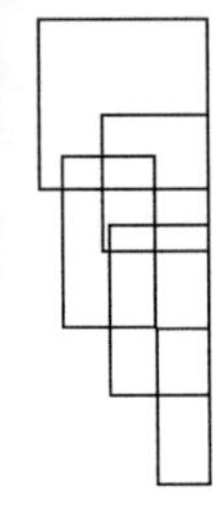

钱学森小传

钱学森（1911—2009），男，汉族，浙江省杭州市人，中国共产党党员。世界著名科学家，空气动力学家。

钱学森于1935年9月进入美国麻省理工学院航空系学习，后转入加州理工学院航空系学习，很快成为著名科学家冯·卡门最重视的学生。他与导师共同建立“卡门－钱学森”公式，在28岁时就成为世界知名的空气动力学家。

虽然留学海外，但钱学森报效祖国的信念始终未变。在经历了艰难曲折之后，钱学森于1955年10月回到祖国的怀抱。归国之后，他主持完成了“喷气和火箭技术的建立”规划，参与了多项导弹试验和制定了中国第一个星际航空的发展规划，发展建立了工程控制论和系统学等研究理论。在钱学森的带领下，1964年10月16日中国第一颗原子弹爆炸成功，1967年6月17日中国第一颗氢弹空爆试验成功，1970年4月24日中国第一颗人造卫星发射成功。

钱学森是中共九大至十二大代表，中国科学院院士。他被授予“国家杰出贡献科学家荣誉称号”，获中共中央、国务院、中央军委颁发的“两弹一星”功勋奖章。

【事迹悟语】

远跨重洋求学，只为攀登知识的顶峰；坎坷归国之路，难阻报效祖国的决心。勤奋钻研，严谨治学，心藏对科学事业的不懈探索；赤心热血，披肝沥胆，胸怀助祖国腾飞的凌云壮志。中华民族科技人才的旗帜典范，中国科学事业的璀璨巨星，永恒闪耀在祖国科技建设的浩瀚长空之中，照亮后来者的前进之路。

德艺双馨的人民艺术家——常香玉

新腔动曲坛，德艺仰高山。

博雅汇流派，刚柔吐韵甜。

爱国捐义演，办校兴梨园。

戏剧写人生，芬芳留世间。

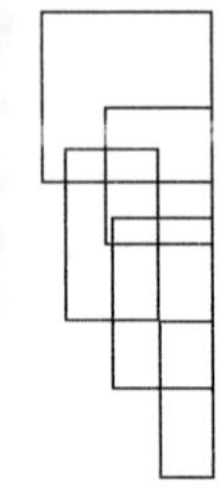

常香玉小传

常香玉（1923—2004），女，汉族，河南省巩义市人，中国共产党党员，生前任河南豫剧院院长、中国戏剧家协会副主席。

出身艺人家庭的她九岁随父搭班学戏，初学武丑、小生、须生，后专演花旦。她原唱豫西调，后来在演出中逐渐吸收曲剧、山西梆子、河北梆子、京剧等一些唱腔，并别创新腔。1938 年她因病不能再演武戏，潜心钻研青衣、花旦。1951 年，她为支援抗美援朝率剧社巡回西北、华南、中南各地演出，将演出收入捐献给“香玉剧社号”战斗机，被誉为“爱国艺人”。她的唱腔字正腔圆运气酣畅，韵味醇厚，格调新颖，以声带情；表演刚健清晰，细腻大方，性格鲜明，在表达人物内在的思想感情上，细致入微，一人一貌，栩栩如生。她的代表作有《花木兰》《拷红》《断桥》《人欢马叫》《红灯记》等。2004 年 6 月 1 日，她因病在河南省人民医院逝世，享年 82 岁。

常香玉是第一至第五届全国人大代表，2004 年 7 月，国务院追授她“人民艺术家”荣誉称号。

【事迹悟语】

娓娓动人，深富内涵，用精湛的表演赢得了观众的掌声赞誉；追求创作，自成一派，用执着的态度展现了艺术的无穷魅力。德艺双馨的一代宗师，将汗水洒在了舞台之上，把精神留在了世人心间。她坚守着“戏比天大”的信念，唱出了一段才华横溢、举世惊叹的艺术人生。

惊天地泣鬼神的特级战斗英雄——黄继光

要塞上甘岭，兵家必略地。

敌军密锁阻，战道难开辟。

勇士奋危急，捐躯阻弹雨。

雄魂泣鬼神，血染青山碧。

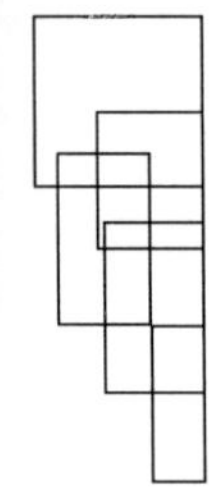

黄继光小传

黄继光（1931—1952），男，汉族，四川省中江县人，中国共产党党员，生前系中国人民志愿军第45师135团9连的通讯员。

1950年，抗美援朝战争开始后，国内停止军人复员并大量征兵。1951年3月，中江县征集志愿军新兵时，黄继光在村里第一个报了名。到朝鲜前线后，黄继光承担通讯员的职责，出色地完成了各项后勤工作。1952年10月14日，上甘岭战役开始。同年10月19日夜，黄继光所在的营部奉命反击占领597.9高地表面阵地之敌。当攻击部队受阻、伤亡较大时，黄继光挺身而出，主动请战消灭敌人的火力点。在战友负伤牺牲、自己所携弹药用光的情况下，黄继光毅然用自己的身躯堵住了敌人的枪眼，为冲锋部队的胜利开辟了通路，牺牲时年仅21岁。1953年，他被中国人民志愿军总部追记特等功，被追授“特级英雄”荣誉称号。

【事迹悟语】

面对枪林弹雨，他舍生取义，昂首冲锋，以血肉之躯铸成钢铁之盾，掩护部队迈向胜利的终点。上甘岭血战，那一刻的雄姿，永远定格在人民的心中，如苍松翠柏，万古常青。他洒下的热血染红了大地，映衬了晚霞，换回了宁静和平的美好生活。

献身科学事业的楷模——彭加木

弘毅奋追求，请缨呼带头。

考察明巨细，搜炼费筹谋。

抱病征绝地，驰怀践壮游。

梦萦罗布泊，大愿喟难酬。

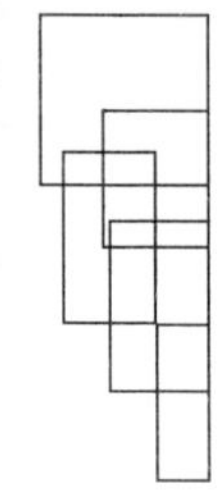

彭加木小传

彭加木（1925—1980），男，汉族，广东省广州市人，中国共产党党员。生前系中国科学院上海生物化工研究所研究员，兼任中国科学院新疆分院副院长。

1947 年在南京国立中央大学农学院毕业后，彭加木到北京大学农学院任教，专攻农业化学，新中国成立后在中国科学院上海生物化学研究所工作。他在 1954 年加入中国共产党。1956 年中国科学院准备组织一个综合科学考察委员会，分赴边疆各地调查资源，他主动放弃出国学习的机会，积极向组织提出要求，赴新疆考察。1957 年，他身患纵隔恶性肿瘤，回到上海治疗。他以顽强的意志同疾病作斗争，病情稍有好转就重返边疆。他先后踏遍云南、福建、甘肃、陕西、广东、新疆等 10 多个省区，曾 15 次进疆考察并帮助改建中国科学院新疆分院。他三次进入罗布泊地区，调查自然资源和自然条件，为开创边疆科研工作倾注心血，并为发展我国植物病毒的研究做了大量的工作。1980 年 5 月，他带领一支综合考察队进入新疆罗布泊考察，在中国近代史上第一次揭开了罗布泊的奥秘。1980 年 6 月 17 日，考察队在库木库都克附近扎营。其时，汽油和水所剩无几。为了解决这一困难，继续东进考察，他独自外出找水走向沙漠深处，迷路后因饥渴而昏倒，不幸被狂风掀起的沙浪淹没，为发展我国科学事业献出了自己的生命。上海市人民政府授予他“革命烈士”光荣称号。

【事迹悟语】

怀揣探索科学的执着信念，他一次次身赴险境；追寻考察自然资源的无限价值，他一天天拼搏研习。风沙掩盖了探索者的足迹，却吹不散献身科学的理想追求。他的身影在那片沧桑的神秘之地，永不消逝，一代又一代的继承者们将沿着他的精神，勇往前行。

县委书记的榜样——焦裕禄

为官一任几多愁？忘己先为天下忧。

问苦访贫居草舍，封沙治水乐耕收。

科学规划思进取，艰苦卓绝勇带头。

全意全心为大众，鞠躬尽瘁美名留。

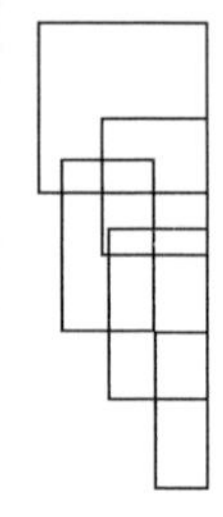

焦裕禄小传

焦裕禄（1922—1964），男，汉族，山东省淄博市人，中国共产党党员，生前系河南省兰考县县委书记。

1962年12月，焦裕禄调到兰考县，先后任县委第二书记、书记。兰考县地处豫东黄河故道，是个饱受风沙、盐碱、内涝之患的老灾区。焦裕禄踏上兰考土地的那一年，正是这个地区遭受连续3年自然灾害较严重的一年，全县粮食产量下降到历年最低水平。他从到这里的第二天起，就深入基层调查研究。在带领全县人民封沙、治水、改地的斗争中，焦裕禄身先士卒，以身作则。风沙最大的时候，他带头去查风口，探流沙；大雨倾盆的时候，他带头趟着齐腰深的洪水察看流势；风雪铺天盖地的时候，他率领干部访贫问苦，登门为群众送救济粮款。他把群众同自然灾害斗争的宝贵经验，一点一滴地集中起来，变为全县人民的共同财富，成为战胜灾害的有力武器。焦裕禄对同志、对人民满腔热情，装着全县的干部群众，唯独没有他自己。他经常肝部痛得直不起腰、骑不了车，即使这样，他仍然用手或硬物顶住肝部，坚持工作、下乡，直至被强行送进医院。1964年5月14日，焦裕禄被肝癌夺去了生命，年仅42岁。

焦裕禄被誉为“县委书记的榜样”，1966年被河南省人民政府追认为“革命烈士”。

【事迹悟语】

他似一道春雷，响彻了万里长空，让家园焕发了盎然生机；他如微微细雨，滋养了国家土地，让群众享受甘泽雨露。在与自然灾害的斗争中，他奋勇向前，永不退缩；在为群众百姓服务的过程中，他屈身俯首，全心全意。在那条没有终点的奉献之路上，他高擎旗帜，奋力领跑；后人心潮澎湃，紧密跟随。

英年早逝的科技英才——蒋筑英

科苑尽才智，攻关笃志坚。

文章释奥妙，设计解疑难。

坦荡斥私欲，精诚怀自谦。

为国倾所有，碑立颂春蚕。

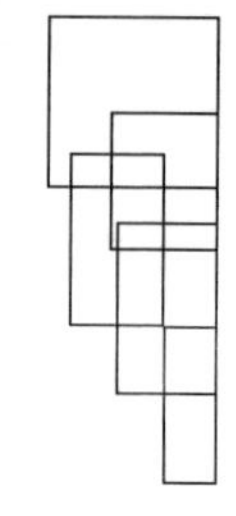

蒋筑英小传

蒋筑英（1938—1982），男，汉族，浙江省杭州市人，中国共产党党员，生前系中国科学院长春光机所副研究员。

蒋筑英是一位在光学传递函数的计算、装置、测试以及编制程序、标准化等方面的专家。1938年他出生于杭州市一个旧职员家庭。1956年以优异成绩考入北京大学物理系。这期间，他学好专业课的同时还掌握了英、俄、德、日、法五门外语。1965年，他和他的研究小组建立了中国第一台光学传递函数测量装置，后来又设计了中国第一台电子分色机的分色特性和镀膜，先后解决了国产镜头研制工作中的许多关键性技术难题。他撰写的《关于摄影物镜光谱透过率》对中国的电影电视事业具有重要指导意义。1982年6月，蒋筑英到外地工作，由于过度劳累，病情恶化，不幸逝世于成都。

蒋筑英被追认为中国共产党党员，被追授为“全国劳动模范”荣誉称号。

【事迹悟语】

他让单调的影像变得五光十色，他将乏味的实验做得妙趣横生。光学专家，用睿智的思想和不懈的奋斗，点亮了实现理想的明灯；科技先锋，用青春的年华和辉煌的成就，绘出了祖国腾飞的蓝图。他如流星一样划过，却为光学事业掠开新的天地，那束星光，成为记忆中抹不去的永恒。

大孝感天地的道德模范——谢延信

凄惶失所爱，生活举步艰。

瞻前怜老弱，顾后叹无援。

践诺持豪义，含辛磊不凡。

拳拳何怨悔，大孝感坤乾。

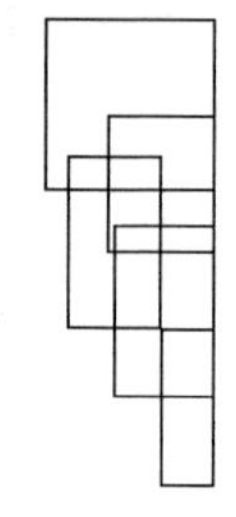

谢延信小传

谢延信，男，汉族，1952年出生，河北省滑县人。

谢延信原名刘延信。1974年，他新婚一年的妻子生下女儿后因产后风不幸去世，他主动承担起照料前妻父母和呆傻妻弟的责任。为使老人放心，他毅然改姓为谢。1979年，岳父突患脑中风，全身瘫痪。一老、一瘫、一傻、一幼，重担全部压在谢延信的身上。为照顾岳父一家，谢延信把5岁的女儿送回滑县老家，自己在焦作伺候老人。岳父瘫痪在床18年，他精心护理，端屎端尿，洗澡按摩，18年里老人没有得过褥疮。为省钱给两位老人看病，他四处打零工，经常挖野菜、捡菜叶，连水果也没舍得给自己买过。岳母患有肺气肿、胃溃疡，丧失了劳动能力，内弟先天呆傻，在岳父去世后，谢延信对他们的照顾更是尽心竭力。他以不放弃照顾前妻一家人为前提，多次拒绝组建新的家庭，直到丧妻10年后才与志同道合的谢粉香组成新的家庭。2003年，谢延信因脑出血落下了反应迟钝、行动不便的后遗症，他便让妻子来焦作共同照顾前妻一家。从他身上，我们看到了敬老爱老、大孝至爱的高尚情操。

谢延信被评为“全国道德模范”，被授予“全国五一劳动奖章”。

【事迹悟语】

生活的艰难，泰山压顶，他身挺肩抗，无怨无悔；命运的天空，阴霾遍布，他乐观无畏，昂首笑对。他全心地付出，让凄凉的家庭充满了温暖；他积极的态度，让病弱的亲人洋溢着笑容。30年的仁孝之路，浓缩了中华千年的大爱大德，融进和谐社会的文明精神里，熠熠生辉。

好军嫂——韩素云

豪壮男儿仗剑行，家中有女孝婆公。

娇躯数度艰难苦，老幼周全吃住行。

军嫂送福助弱小，红娘报喜动军声。

巾帼侠义百千万，威武雄师钢铁城。

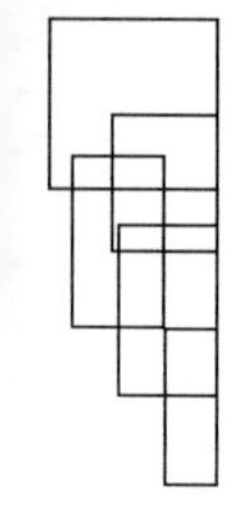

韩素云小传

韩素云，女，汉族，1961 年出生，山东省梁山县人，中国共产党党员，现任南宁市财政局副主任科员。

韩素云长期以来竭尽全力积极支持丈夫为国戍边，被誉为“好军嫂”。1983 年，在家务农的韩素云为了支持参军戍边的未婚夫倪效武服役，未过门就主动搬进未婚夫的家，毅然挑起了一家 9 口人的生活重担。她既要照料多病的祖母、公婆，又要照顾双目几乎失明的小叔和上学的双胞胎小姑，还辛勤耕种 12 亩责任田。十年来，她含辛茹苦，任劳任怨，孝敬公婆，和睦邻里。由于长期劳累过度，她不幸患上“股骨头缺血性坏死症”。但就是在重病缠身的情况下，她每次给丈夫去信也从不透露任何难处，总是宽慰丈夫要安心部队工作。在她的支持鼓励下，丈夫倪效武十多次受嘉奖并荣立了二等功。1997 年 3 月，韩素云随军被安排到广西省南宁市财政局工作。她爱岗敬业，工作从未出过差错。每逢春节或老兵退伍、新兵入伍，她都赶到部队看望。她先后为 11 名大龄军官做“红娘”，并帮助 8 名待业军嫂找到了工作，还资助辍学孩子重返校园。

韩素云被授予“全国劳动模范”，获得“全国三八红旗手”等荣誉称号。

【事迹悟语】

助爱人实现崇高志向，她勤恳奉献，默默付出；帮军民走向幸福之路，她热情似火，竭力而行。顽疾缠身，她用积极乐观的态度全力抗争；岗位责任，她以严谨细致的工作认真完成。女儿身，英雄气，爱国拥军的“好军嫂”，闪耀的军功章，有你一半！

金牌工人——窦铁成

勤学苦砺三十春，巧匠功成艺湛深。

排障组装增绩效，建言献策重革新。

工人教授传帮者，团队新型领路人。

时代潮头争奋进，尘沙洗去见真金。

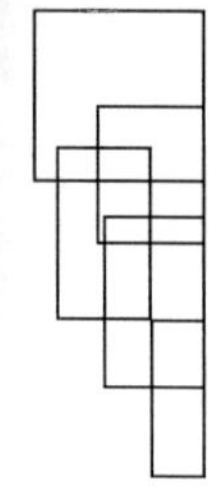

窦铁成小传

窦铁成，男，汉族，1956 年出生，陕西省蒲城县人，中国共产党党员。

参加工作 30 年来，窦铁成先后主持安装铁路变配电所 38 个，全部一次性验收通过，一次性送电成功，全部获得优质工程。在施工过程中，窦铁成解决技术难题 52 个，解决送电运行故障 310 次，提出合理化建议及小改小革 30 次，提出设计变更 6 次，采纳 6 次。为企业节省成本、创造效益 1 380 万元。1997 年以来，窦铁成担任电务公司供电分公司供电部部长，保持安全生产 3 000 多天，获得锦旗 11 面。窦铁成主动向大、中专学生和青年工人传授自己刻苦自学来的知识和技能。电务公司有 308 人自称是窦铁成的徒弟；电力工技师 42 人，其中 35 人是窦铁成的徒弟；电力工高级技师 7 人，其中窦铁成的徒弟 5 人。1990 年以后，窦铁成举办电力、变配电技能培训共 260 余课时，培训 180 多人。工友们将他视为“主心骨”“定心丸”，称他为“金牌工人”“工人教授”。

【事迹悟语】

对新理论，钻研论证；对新技术，不懈探索；对新创造，勇于实践。拼搏的道路上，分分秒秒不松懈，求真的过程中，点点滴滴严要求。天道酬勤，造就了一个行业的先锋；传授精髓，培养了一批事业的精英。新时代下的创新型标兵，用他的故事，激励着人们在浩瀚的知识海洋中，振臂遨游。

勇救山火的少年英雄——赖　宁

火窜山林漫雾烟，心悬救险赴前沿。

折冲奔返熄毒焰，英勇顽强忘己安。

慷慨为公见大义，捐躯悲壮惜少年。

春风又起春江碧，魂系山川慰九天。

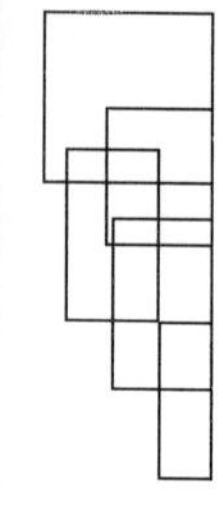

赖宁小传

赖宁（1973—1988），男，汉族，四川石棉县人，少先队员。生前系石棉中学初中二年级学生。

1988年3月13日下午，石棉县海子山因电线短路发生山林火灾。火借风势，刹那间化为一片火海。大片森林、卫星电视转播台和石油公司油库，都面临着巨大的威胁。赖宁一眼便瞧见了冲天的火焰，来不及告诉母亲，就飞快地直奔火场。赖宁跑到山上，挥动松枝奋力灭火。高达二三十米的火焰，狂烧猛窜，赖宁和他的伙伴奋不顾身，一次次地冲向火海。这时天色已晚，现场指挥救火的县领导，命令用汽车将参加救火的学生强行送下山。

虽然被大人拉走，但赖宁看见凶猛的火势又席卷重来，再次毅然投身火海，加入到扑火的队伍中。大火终于扑灭了。3 500余亩森林保住了，卫星电视转播台和石油公司库都平安无事了。第二天上午，人们在海子山南坡的过火林带中，发现了赖宁的遗体。他的右臂紧紧挽着一棵小松树，左手撑着地，右腿还保持着向上攀登的姿势，牺牲时年仅15岁。

赖宁被授予“英雄少年”和“全国十佳少先队员”等荣誉称号。

【事迹悟语】

不惜牺牲生命，勇护国家财产；毅然投身火海，惊叹英雄气概。弱小的身影在熊熊火海中，显得高大而挺拔。奋勇的精神在岁月的流逝中，依然闪亮而夺目。见义勇为的少年英雄，将短暂年华奉献给国家和人民，书写了一段催人泪下的感人诗篇。

永不生锈的螺丝钉——雷　锋

引领新时代，英雄模范兵。

平凡寓伟大，好事蕴真情。

虔敬为革命，忠诚励品行。

精神昭日月，闪亮螺丝钉。

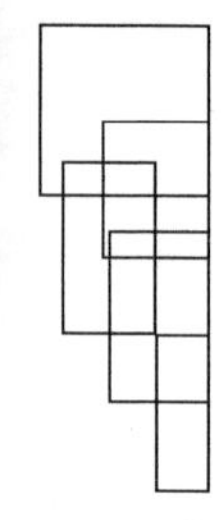

雷锋小传

雷锋（1940—1962），男，汉族，湖南省望城县人，中国共产党党员，1960年入伍，生前系中国人民解放军某部队汽车连班长。

雷锋出生在一个贫苦的家庭。新中国成立后，他怀着对党和人民的感激之情，把自己有限的生命投入到无限的为人民服务之中。他刻苦学习文化知识，认真研读马克思主义理论，他的“雷锋日记”真实地记录了他对党的事业坚定的信念。他以“螺丝钉”的精神，爱岗敬业、无私奉献、关心同志、乐于助人。他生活俭朴，将省吃俭用的钱都省下来帮助受灾群众和需要的战友。他长期担任校外辅导员，为学生们买图书、文具，讲述自己的成长经历，激励青少年奋发图强。

1962年8月15日，他在执行运输任务时，不幸殉职，年仅22岁。因雷锋乐于助人，所以雷锋的名字已成为“好人好事”的代名词。毛泽东于1963年3月5日亲笔题词“向雷锋同志学习”，并把3月5日定为“学雷锋纪念日”。习近平主席指出，雷锋身上所具有的“信念的能量、大爱的胸怀、忘我的精神、进取的锐气”，正是我们民族精神的最好写照。

【事迹悟语】

一个名字，世纪响彻；一种精神，世代传承。一颗质朴的心，纯净透明，感动着山河大地；一双奉献的手，夯实有力，扬起了民族的风帆。人民口口传颂，歌中声声赞扬。永不生锈的螺丝钉，牢牢地嵌在中华民族坚固的基石中，擎起了直耸云霄的不朽丰碑！

清正廉洁的铁法官——谭 彦

重情向清廉，庭上明镜悬。

法立高标尺，心含一寸丹。

人民祈富足，社会尚平安。

凛凛诉刚正，无私铁法官。

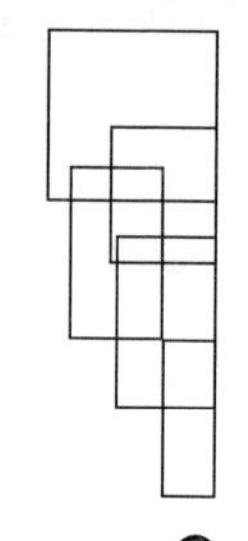

谭彦小传

谭彦（1960—2004），男，汉族，吉林省集安市人，中国共产党党员，生前系大连经济技术开发区人民法院刑事审判庭副庭长、副院长。

谭彦是大连开发区人民法院一名青年法官。从1985年大连开发区人民法院筹办伊始，他在开发区工作和生活了近20个春秋，把自己最美好的青春年华奉献给这片土地。他时刻牢记自己的神圣职责，在审理案件中，始终坚持以事实为依据，以法律为准绳，不为钱物所动，不被人情左右，不向恐吓低头，只认清一个公理：法律面前不容有私情。1989年，他被诊断患有纤细空洞性肺结核。面对医生“必须长期全休治疗，否则最多能活5年”的忠告，他以惊人的毅力与病魔进行抗争，用更加忘我的工作实践自己“活着就要工作，死也要死在工作岗位上”的誓言。在1993年至1994年，他在身患重病的情况下，审理案件108件，高出全院人均审案件数44%，结案105件，高出人均结案50%，两项工作指标都名列全院第一，而且无一发回改判。2004年11月，谭彦因病逝世，年仅44岁。谭彦是中共十五大代表，被授予“全国优秀共产党员”“全国法院模范”等荣誉称号。

【事迹悟语】

他坦荡，将清正廉洁看作立身之本；他正气，将秉公执法视为生命之魂。庄严肃穆的法庭中，他严正铿锵；病魔缠身的岁月里，他顽强奋进。“生如夏花之绚烂，死若秋叶之静美”，他用令人惊叹的敬业奉献精神，点燃了生命的火花，照亮了灰暗的角落，温暖了人民的心窝。

最疼爱学生的老师——谭千秋

学高身正念垂范，自警师责重似山。

敬业守职夜继日，艰辛劳作暑接寒。

无疆大爱遗学子，地陷天塌撑铁肩。

情润春风风化雨，缤纷桃李绽新颜。

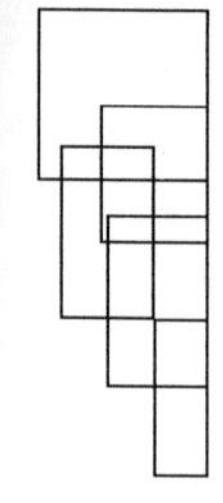

谭千秋小传

谭千秋（1957—2008），男，汉族，湖南省祁东县人，中国共产党党员。生前系东方汽轮机厂所属东汽中学学生工作处主任，四川省特级教师。

1978年3月，谭千秋以优异成绩考入湖南大学政治专业学习。1982年1月毕业后，他被分配到四川绵竹东方汽轮机厂工作，先后在该厂职工大学和中学任教。从教26年来，谭千秋教学成绩卓越，被评为“特级教师”。在担任中学教导主任以来，他致力于学校的教学改革和创新，为提高教学质量做出了积极贡献。他爱护学生，在校园里看到一块小石头都要捡起来，生怕学生们在玩耍时受伤，被同事们誉为“最疼爱学生的教师”。

2008年5月12日，四川汶川发生强烈地震，当时正在上课的谭千秋迅速组织同学们向楼下疏散。当他得知有几个同学还没有离开，立即返回教室。危急时刻他奋不顾身扑了上去，用双臂将4名学生紧紧地掩护在身下，学生得救了，他却献出了宝贵的生命。5月13日晚上，当人们从废墟中将他的遗体扒出来时，他的双臂还是张开的，趴在讲台上。

谭千秋被追授为“全国抗震救灾优秀共产党员”“抗震救灾英雄”等荣誉称号。

【事迹悟语】

灾难中奋勇救人的身影，散发着忠于职责的荣耀光辉；学校前矗立伟岸的雕像，象征着感人肺腑的精神永存。冲入破碎的房屋，他将身体当作护盾，履行着神圣的使命；张开宽阔的双臂，他让学生获得新生，守护着祖国的未来。爱与责任，在他身上得到完美的诠释。

“小巷总理”——谭竹青

风风火火脚难停，万户千家捧赤诚。

帮困扶贫驱大爱，排忧解难护民生。

奋发创业利社会，构建和谐铸康宁。

小巷总理人人敬，颂歌一曲入春风。

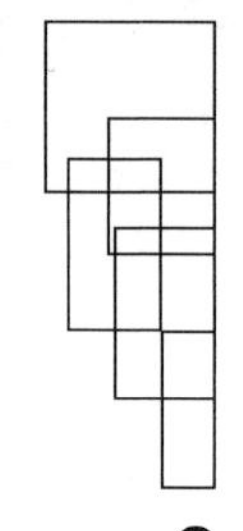

谭竹青小传

谭竹青（1931—2005），女，汉族，吉林省长春市人，中国共产党党员。生前系长春市东站街道十委居民委员会主任。

谭竹青从事居委会工作五十多年，始终坚持上为党和政府分忧、下为居民群众解难的工作作风，时时处处心系群众，带领社区干部群众白手起家，艰苦创业，努力发展社区经济和各项事业。她积极进取、勇于开拓，先后创办了鞋厂、商店、印刷厂等十几个企业，建成了社区服务中心、敬老院、幼儿园、卫生服务站等服务场所，提供了一大批就业岗位。她组织开发建设居民住宅楼，拆除棚户区，改善了居民居住条件。她积极协调有关方面把委内街、巷、胡同全部修成了柏油路，方便了居民出行，使东站十委社区发生了翻天覆地的变化。她全身心投入社区工作，走百家门，知百家情，解百家难，暖百家心，把党和政府的关怀送到千家万户。20世纪80年代初，她拿出自己的微薄积蓄创办社区服务网点。为解决社区居民孩子入托，她无偿把自家住房拆掉一半扩建幼儿园。十几年来，她把政府发给自己的10多万元奖金全部用于社区建设和扶贫帮困，被群众亲切地称为“小巷总理”。

谭竹青被授予“全国劳动模范”“全国优秀党务工作者”“全国三八红旗手”等荣誉称号。

【事迹悟语】

半个世纪光阴，不改倾情奉献的理想；超过百项的荣誉，映衬心系群众的情怀。因为有她，欢声笑语传遍街头巷尾；因为有她，温暖幸福荡漾千家万户。一滴滴劳苦的汗水，一件件琐事的解决，日久天长，便形成了崇高的精神境界，便赢得了人们的尊重爱戴！

敦煌女儿——樊锦诗

物华灿烂史无前，神妙叹为壁上观。

彩袖轻飘映粉瓣，佛光浅照亮西天。

护研展管从长计，困苦艰难自等闲。

不朽文明播万代，丹心守望赋新篇。

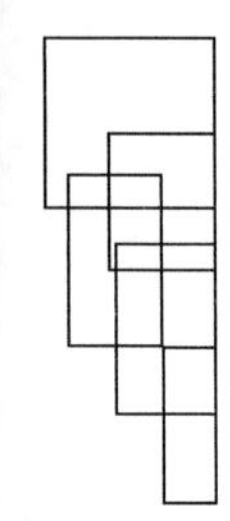

樊锦诗小传

樊锦诗，女，汉族，1938年出生，浙江杭州人，中国共产党党员。现任敦煌研究院名誉院长。

樊锦诗自1963年从北京大学毕业后，扎根戈壁沙漠四十多年，潜心于敦煌石窟的考古研究。她提出了“莫高窟治沙工程”等13项文物保护工程，独创了一套新型砂砾岩石窟崖体裂缝灌浆、风化崖面防风化加固的工艺和技术，使莫高窟文物保护环境得到改善，本体病害和损毁得到遏制。她规划出新世纪敦煌文物保护与利用的蓝图，首次提出了运用计算机技术进行敦煌壁画、彩塑艺术永久保护和展陈利用的构想并付诸实施。她运用考古类型学的方法，完成了敦煌莫高窟北朝、隋及唐代前期的分期断代，成为学术界公认的敦煌石窟分期排年成果。 她积极开展文物保护领域的国际合作，成功解决了敦煌石窟研究和保护的有关难题。她牵头起草的《敦煌莫高窟保护条例》成为甘肃省第一部为保护一处文化遗址做出的专项立法。 她编写的26卷大型丛书《敦煌石窟全集》集中展示了敦煌石窟百年研究的成果。

樊锦诗是中共十三大代表，被授予“全国优秀共产党员” “全国先进工作者”“全国三八红旗手”等荣誉称号。

【事迹悟语】

她凭执着和学识，深入戈壁大漠实践人生追求，毅然坚决；她用理想和信念，坚守中华民族文化遗产，永不割舍。她的青春与飞扬的风沙相伴，她的晚年同灿美的艺术随行。勇于担当，开拓进取，不朽的“莫高精神”在她身上，绽放夺目的光芒。

后 记

本书收录的人物是在新中国成立60周年之际，由中央十一部委联合评选出的100位新中国成立以来感动中国人物。

本书从选题策划到成书耗时近三年，倾注了我们的创作热情和不懈的努力，想法其实很简单，就是努力奉献一部好的作品。书中选取的人物，在范围和时间段上还是有一定局限的，因为感动中国的事迹和人物每年每时都在涌现，难以尽数收录。但重要的是，这些模范人物所具有的崇高精神和价值取向是一致的。我们认为书中的人物具有一定的代表性，在他们身上集中体现了一种共同的理想、品格和追求，我们所大力传承和弘扬的正是这样一种共同的精神。书中诗篇系列创作由刘文超完成，人物介绍由沈红宇组织整理、撰写，插图由鞠凤英、刘磊等人绘制。本书的特点是围绕人物的刻画，诗、文、图并茂，内容和形式有机统一，努力使其具有可读性、欣赏性和收藏价值。期待它能走进千家万户、各行各业，为构建社会文明，繁荣中华文化起到应有的作用。本书与《诗评中国历史名人》和即将出版的《诗评影响人类历史的100名人》共同构成了诗歌评赞人物的艺术创作系列。

本书序言由黑龙江省社会科学界联合会党组书记、副主席李己华先生撰写，书名由著名书法家裴宏斌先生题写。在出版过程中，卢尚坤、夏飞扬、李翔、扈秀斌、石文利、王翠燕、张广东等同志给予了热情支持和帮助，在此向他们表示诚挚的谢意！

作者

2015年6月

社会主义核心价值观

富强　民主　文明　和谐

自由　平等　公正　法治

爱国　敬业　诚信　友善